一歩進めて能鑑賞

演目別にみる能装束 II

観世喜正・正田夏子——著
撮影——青木信二

淡交社

はじめに

観世喜正

『一歩進めて能鑑賞　演目別にみる能装束』を上梓して十年が経ちました。お陰様で好評を博したようで、この手の本としては珍しく（編集者の弁）、こつこつと版を重ねることができました。

この十年間もカメラマンの青木信二さんには、能の番組用に装束の写真を撮り続けていただき、デザイナーの阿部寿さんとも常時お付き合いをいただいておりました。また正田夏子さんには装束干しの折りに講座を願ったり、お手伝いいただくなど、一冊目の御縁が続いておりました。

そうした中で淡交社さんからも、「次を出しませんか？」という温かい後押しも賜りましたので、重い腰を上げることとなりました。私の苦手な作文、しかも未だに不勉強なままの装束に関する内容ということで、たいへんに遅延いたしましたこと、お待ちいただいていた読者の皆様はじめ、関係各位にお詫び申し上げる次第です。

一冊目に引き続き多くの演目を取り上げることができましたので、読者の皆様には、前作と引き比べながら、じっくりと御覧いただければと存じます。

前作でも触れましたように、能装束の組み合わせには流儀や家によって大枠の決まり事がありますが、さらにシテの思いや舞台の具合によって千差万別の取り合わせとなります。ここに示したのは、あくまで私、観世喜正がチョイスした一例であるということを重ねて申し添えます。また、舞台写真も数葉を除き、すべて私が演じているものです。

能面・能装束の美しい写真を前面に押し出して、より多くの方に能を知っていただくことを目的に始めた撮影の成果が、二回にわたって本にまとめられるというのはとても幸せなことだと感じております。

好き勝手に装束を引っ張り出しての撮影に一度の苦言も述べず、黙って見守ってくれている師父、三世・観世喜之にはこの場を借りて御礼を申します。またこの企画の発端となった能楽・神《かみ》遊《あそび》のメンバーと、装束つけと撮影にいつも協力してくれた観世九皐会《きゅうこうかい》並びに同門の皆さんにも感謝いたします。

正田さん、阿部さん、タイトなスケジュールの中ご協力いただき有難うございました。発刊にあたり長期間辛抱強くお支えいただいた、淡交社の滝井真智子さん、まことに有難うございました。そして青木さん、本当に長い時間お待たせいたしました。心より御礼申し上げます。

目次

演目別にみる能装束

観世喜正（あらすじ・演者が一言）
正田夏子（出立）

石橋

【しゃっきょう】

作者不詳

あらすじ

修業の旅に、はるばる中国までやって来た寂昭《じゃくじょう》法師は清涼山《しょうりょうせん》を訪れた。切り立つ山から、虚空に弧を描く石の橋がかかっている。折から出会った樵夫に尋ねると、その橋は石橋《しゃっきょう》と呼ばれる橋で、文殊《もんじゅ》の浄土につながっているという。しかし幅は狭く、表面は苔むし、下は千尋《せんじん》の谷。修業を積み、悟りの境地に至った者にしか渡れないと告げ、去って行く。その後、文殊菩薩の使いである、獅子が出現し、石橋の上で舞い興じ、牡丹の花に戯れながら百獣の王の勢いを見せる。

小書「大獅子」の舞台。

親（白）獅子（後シテ）　**法被《はっぴ》　半切《はんぎれ》　肩上《かたあげ》　出立《いでたち》**

白地《しろじ》　紗綾形《さやがた》雨龍《あまりょう》　袷法被《あわせはっぴ》、白地《しろじ》　木瓜唐花《もっこうからはな》　半切《はんぎれ》、茶萌葱《ちゃもえぎ》段替《だんがわり》　飛雲《ひうん》源氏車《げんじぐるま》　厚板《あついた》

面……獅子口（観世型）　冠り物……白頭《しろがしら》

子（赤）獅子（ツレ）　**法被《はっぴ》 半切《はんぎれ》 肩上《かたあげ》 出立《いでたち》**

紺地《こんじ》 山道雷雲《やまみちらいうん》 袷法被《あわせはっぴ》、紅地《べにじ》 山道雷雲《やまみちらいうん》 半切《はんぎれ》、紅萌葱段替《べにもえぎだんがわり》 山道瓦頭《やまみちがとう》 厚板《あついた》

面……獅子口（宝生型）　冠り物……赤頭《あかがしら》

出立

咲き乱れる牡丹と戯れるように舞う紅白の獅子。

両者とも厚板を着付《きつけ》（内着）にし、その上に着けた袷法被《あわせはっぴ》の両袖を肩の部分で首側に寄せて上げる「肩上げ」の出立《いでたち》。写真のように着装する場合は中に紙を入れて芯にし、袖を折り込んで強い張りをもたせて勇壮さを際立たせる。

水衣《みずごろも》を「肩上げ」にする場合（78頁『三井寺』参照）は、作業中、活動中というニュアンスがあるが、袷法被や袷狩衣《あわせかりぎぬ》ではいっそう荒々しい意味合いになり、武将の扮装にも用いる出立となる。

白獅子の厚板に見える輪状の文様は、平安時代に貴族が使った牛車《ぎっしゃ》の車輪を意匠化したもので、御所車紋とも呼ぶ。

一方の、赤獅子の厚板にみえる大きな花形の文様は、寺院の堂塔の軒丸瓦《のきまるがわら》（鐙瓦《あぶみがわら》ともいう）を意匠化したもので、瓦頭紋《がとうもん》と呼ばれる。建物を火災から守るために水をイメージした巴紋《ともえもん》が中心にあるのが特徴。

演者が一言

獅子舞を見せることを主眼に作られた演目と思われ、ストーリーよりも後段の獅子の勢いを示す舞いが重視されます。シテ方、囃子方にとってもたいへん重い

習い（＝難易度が高く、芸力が必要とされる）の曲となっています。

獅子の舞は他の舞事と異なる点が多く、獅子頭を左右に振る、あるいは上体を後ろに反らせてから前へ伏し、勢いよく起き上がる、といった独特の仕草があります。他にも飛んだり跳ねたり、足を欄干にかけるなど激しい動きの連続で、腕も高く両手を広げる構えとなりますが、いずれも、獅子の咆哮や、谷落とし、牡丹の露を浴びる様などを表しているのでしょう。

本来の演出では、赤獅子一頭のみですが、観世流では、多くの場合「大獅子」という小書《こがき》をつけて、紅白二頭の獅子を出します。さらには、紅白を複数で四頭出すやり方もあります。親獅子の白は重々しく悠然と、子獅子の赤はきびきびと激しく舞い、紅白の獅子が向かい合う時には対称的な動きをしたりと、見た目にも華やかさが増します。

能面は専用面の獅子口を用います。写真の白獅子がかけているのは観世型といわれる獅子口。赤獅子のものは宝生《ほうしょう》型と記されています。

白獅子は無紅《いろなし》、赤獅子は紅入《いろいり》の装束を着用します。また面を激しく振るため、通常は一組しか使わない面紐を、二組用いて面を固定します。ちなみに面を着ける年齢に達しない少年が演じる時には、能面の代わりに覆面を用います。私も初めて演じた時は、覆面でした。

装束の種類と出立の基本形

能では、面《おもて》と装束《しょうぞく》、鬘《かづら》、冠《かぶ》り物などで役に扮装しますが、それらの組み合わせや着装法にはおよその決まりがあります。ここでは、女役と男役の代表的な装い＝「出立《いでたち》」と、装束の名称をご紹介します。

唐織脱下女出立《からおりぬぎさげおんないでたち》

唐織の表着《おもてぎ》の片袖を脱いだ姿。船を漕ぐ、砧《きぬた》を打つなど作業中であることを表現するほか、『花筐《はながたみ》』や『班女《はんじょ》』など、恋人を探して心が身体にない状態の「狂女」を表す装いです。

面《おもて》

それぞれの役により、用いる面に一定の種類が決まっているが、通常は一つの面を別の曲に使い廻しをする。その曲（たとえば『俊寛』『頼政』『山姥』『景清』など）だけにしか用いない面を「専用面」という。

鬘帯《かづらおび》

鬘を留めるために鉢巻状の布を締め、後ろに垂らした中世の女性の扮装から来ている。本来なら面の上につけるべきだが、能では面の美しさを優先するため、面の下につけるようになった。女役ではほとんどの役に用い、色には「紅入《いろいり》」「無紅《いろなし》」の区別がある。

襟《えり》

摺箔などを着る前に必ず襟をかける。普通は二枚重ねてつけ、役の種類により色の組み合わせに決まりがある。また、五流の流儀によっても組み合わせが違うのが面白い点だが、白を二枚以上重ねるのが最も高い位の役どころであるのは変わらない。

扇《おうぎ》

白骨・黒骨の別があり、写真のように先が開いた形を「中啓《ちゅうけい》」と呼ぶ。女性が主人公の「鬘物《かづらもの》」に用いる扇は「鬘扇」と呼ばれるが、それぞれの役によっても決まった模様がある。

唐織《からおり》

主に女性や若い公達《きんだち》（貴族の青少年）に、着付（内着）や表着としてひろく用いられる小袖形の装束。草花や雲、流水など自然の風物に取材した意匠が多く、華麗な浮織で織り出す。赤い色が入った「紅入《いろいり》」は若い女性に、赤い色の入らない「無紅《いろなし》」は母親や中年以降の女性に用いる。

摺箔《すりはく》

解説左頁

唐織《からおり》壺折《つぼおり》大口《おおくち》女《おんな》出立《いでたち》

摺箔の着付に大口を履き、表着の唐織を腰の部分でからげて着ける姿を「壺折」といいます。仙女となった楊貴妃や、美しい上臈に化けている美女『紅葉狩』の前シテなど、美しく身分の高い女性を表現する出立です。胸元の左右の開きを大きくする「大壺折」と、小さくする「小壺折」があり、この写真は大壺折です。

烏帽子《えぼし》

成人男性の冠り物。前折烏帽子、侍《さむらい》烏帽子、梨打《なしうち》烏帽子などがあり、役柄によってさまざまに使い分ける。写真の巴御前《ともえごぜん》は女性だが、武者であるので、白鉢巻と烏帽子をつけている。

摺箔《すりはく》

織や刺繍ではなく、接着剤をひいた生地に、金銀の箔を摺って文様を表した装束。着付（内着）として使われるため、本来は襟元しか見えないが、脱下出立では右袖部分に、壺折出立では胸元に見ることができる。

唐織《からおり》

主に女性や若い公達《きんだち》（貴族の青少年）に、着付（内着）や表着としてひろく用いられる小袖形の装束。写真の唐織のように紋を全体的に織り出したものは、流儀によっては「厚板唐織」に分類されることもある。

腰帯《こしおび》

細長い布製の帯で、腰の後ろにあたる部分と、前に垂れる部分の三カ所に薄い板が縫い込まれ、締めたときに美しい形になるよう工夫されている。ほとんどすべての役に用いるが、緞子《どんす》・紋付・縫入《ぬいいり》・胴箔《どうはく》の別があり、役によって使い分ける。

緋大口《ひおおくち》

大口は大口袴の略称で、前部分はヒダがとってあり、後側は平たくて固い生絹地の半袴。腰の部分を張りふくらませて着装する。

長絹大口女出立《ちょうけんおおくちおんないでたち》

長絹は舞を主とした女役・男役に用います。武者姿の公達《きんだち》（貴族の青少年）の扮装に、単法被《ひとえはっぴ》の替わりとして使われることもあります。袴（大口）と組み合わせた「長絹大口」姿は宮廷の女性や女神を表します。

長絹《ちょうけん》

広袖物の代表的な表着。紗《しゃ》や絽《ろ》の地に、金糸や銀糸で文様を表したものが多く、襟と袖に「露」と呼ばれる紐飾りがついている。内着として、摺箔を着けている。

胸紐《むね(な)ひも》

先端に房がつく。袖紐と同色で、使用するたびにつけ替える。

菊綴《きくとじ》

袖の中心にある結び目状の紐は、二枚の布の継ぎ目を補強するためについていた綴じ糸が飾りになったもの。能ではその形が「も」に似ていることから「ものじ」とも呼ぶ。

緋大口《ひおおくち》

大口は大口袴の略称で、前部分はヒダがとってあり、後側は平たくて固い生絹地の半袴。腰の部分を張りふくらませて着装する。

袖紐《そでひも》（露）

武家が着用していた直垂《ひたたれ》に、袖をくくるための紐が通っていた名残。

水衣大口出立《みずごろもおおくちいでたち》

着付の上に大口を履き、水衣を腰の部分でからげた扮装。身分のある僧侶や、『高砂』のように後シテの神を暗示させる前シテの老人などの姿で、水衣を着流しにするより出立の格が上になります。

水衣《みずごろも》

一般庶民の役の広袖形の表着。無地のものは絓《しけ》水衣、横糸を波状に寄せ集めたものを縷《よれ》水衣といい、縷水衣はさらに身分の低い役やツレに、山伏は縞水衣を用いる区別がある。汐を汲む、舟を漕ぐといった所作中は、両袖の肩を上げる「肩上」にする。

茶大口《ちゃおおくち》

大口は大口袴の略称で、前部分はヒダがとってあり、後側は平たくて固い生絹地の半袴。腰の部分を張りふくらませて着装する。

角帽子《すみ(ん)ぼうし》・沙門付《しゃもんづけ》

角帽子の後ろに垂らす部分を上部へ折り込んでつける。身分の高い出家者や、強い力を暗示する僧形の役を表す。沙門付にする出立では、役の格にあわせて華やかな金襴や、前面と背面に大きな意匠を配した角帽子を使うことが多い。

厚板《あついた》

主に男性の着付（内着）や着流しとしてひろく用いる小袖形の装束。写真のような小格子は、後シテの位が高いことを暗示する。厚板でなく無地熨斗目《のしめ》をつけると卑賤な出立になる。

腰帯《こしおび》

細長い布製の帯で、腰の後ろにあたる部分と、前に垂れる部分の三カ所に薄い板が縫い込まれ、締めたときに美しい形になるよう工夫されている。ほとんどすべての役に用いるが、緞子《どんす》・紋付・縫入《ぬいいり》・胴箔《どうはく》の別があり、役によって使い分ける。

法被半切脱下出立《はっぴはんぎれぬぎさげいでたち》

何かの所作中（ここでは演奏）であることを表現するため、法被の表着を肩脱ぎにした出立です。ほかに、戦う武者の姿として袷《あわせ》法被を用いる場合は源氏の武者を、長絹に代えて単《ひとえ》法被を用いる場合は平家の公達《きんだち》を表します。

厚板《あついた》

解説左頁

法被《はっぴ》

裏地のついた袷《あわせ》と、絽《ろ》や紗《しゃ》で織られた単《ひとえ》がある。袷は繻子《しゅす》地に金襴で豪快な意匠を織り出したものが多く、鬼神や勝修羅《かちしゅら》の武将、天狗など荒々しい役に。単は絽や紗の優美な風合いから、平家の公達《きんだち》の武将役に用いる。前身頃と後身頃とが離れており、裾のところに前身と後身をつなげる共布「合引《あいびき》」がつけられているのが特徴。

腰帯《こしおび》

細長い布製の帯で、腰の後ろにあたる部分と、前に垂れる部分の三カ所に薄い板が縫い込まれ、締めたときに美しい形になるよう工夫されている。ほとんどすべての役に用いるが、緞子《どんす》・紋付・縫入《ぬいいり》・胴箔《どうはく》の別があり、役によって使い分ける。

半切《はんぎれ(り)》

半切袴の略称で、繻子《しゅす》織の地の上にさまざまな模様を表す。鬼神や武将などに幅ひろく用いられる。

裳着胴《もぎどう》半切《はんぎれ》出立《いでたち》

斬り組みをするなど戦闘態勢にある姿。このように表着を着けず、上半身の着付（小袖型の内着）が露出してる出立を「裳着胴《もぎどう》」といい、他にも囚人や少年、童子、鬼女や狂女を表します。

黒頭《くろがしら》

怨霊の役などで、頭部につける長い仮髪。チベット原産のウシ科の動物ヤクの毛から作られる。黒・赤・白の三色がある。

厚板《あついた》

主に男性や、鬼神、畜類に、着付（内着）や着流として用いる小袖形の装束。格子、亀甲、龍丸、輪宝《りんぽう》などの単一紋様を繰り返しで織り出す意匠が特徴。

腰帯《こしおび》

解説右頁

半切《はんぎれ(り)》

解説右頁

僧兵出立《そうへいいでたち》

袈裟頭巾《けさずきん》に直垂《ひたたれ》の姿。
強訴する僧侶の「裹頭《かとう》」と呼ばれる姿を能に写した出立。

直面《ひためん》

面をかけないこと。

袈裟頭巾《けさずきん》

頭に袈裟を巻き頭巾状にしたもの。
能では戦をする僧侶に用いる。

直垂《ひたたれ》

武士の礼装に用いる上下の揃いで、袖に露がつく。文様はほとんどが鶴亀で、切金文様の意匠が多い。長袴《ながばかま》を使うと比較的高位の役人を示し、白大口を着けると「掛直垂」というスタイルになり、やや軽い身分の武士となる。内着に厚板を着ける。

直垂と同じ上下揃いの装束に「素《す》袍《おう》」があるが、裏なしの単《ひとえ》で、露がない。シテツレ、ワキ、ワキツレにはこの扮装が非常に多く、「素袍男」と呼ばれる。

袖紐《そでひも》（露）

武家が着用していた直垂《ひたたれ》に、袖をくくるための紐が通っていた名残。

側次大口出立《そばつぎおおくちいでたち》

袷法被を用いるのに比べ一段簡略な戦装束の扱いになるほか、『鉢木』の佐野常世のように貧しい武士を表現する姿。

鉢巻《はちまき》

白鉢巻は戦う姿を表現する。色鉢巻は男神のほか、赤頭の下に着ける。

厚板《あついた》

主に男性や、鬼神、畜類に、着付（内着）や着流として用いる小袖形の装束。格子、亀甲、龍丸、輪宝《りんぽう》などの単一紋様を繰り返しで織り出す意匠が特徴。

側次《そばつぎ》

袷法被から両袖を取り除いた形の装束をいい、大口と組み合わせて簡略な軍装を表す。

腰帯《こしおび》

細長い布製の帯で、腰の後ろにあたる部分と、前に垂れる部分の三カ所に薄い板が縫い込まれ、締めたときに美しい形になるよう工夫されている。ほとんどすべての役に用いるが、緞子《どんす》・紋付・縫入《ぬいいり》・胴箔《どうはく》の別があり、写真の腰帯は、釘抜きの縫入。

白大口《しろおおくち》

大口袴の略称で、前部分はヒダがとってあり、後側は平たくて固い生絹地の半袴。腰の部分を張りふくらませて着装する。

狩衣大口出立《かりぎぬおおくちいでたち》

袷《あわせ》狩衣を用いると『嵐山』の蔵王権現のような荒々しい鬼神や『鶴亀』の皇帝などに、単《ひとえ》狩衣では『融』『遊行柳』など公卿や草木の妖精の姿を表す扮装になります。

透冠《すき(い)かんむり》

神舞を舞う男性の神に用いる冠。唐冠に似ているが巾子《こじ》（髷を入れる頭頂部分）が平たく、横につきだした纓《えい》が羅や紗といった透ける生地でできているのでこの名がある。

狩衣《かりぎぬ》

本来は平安貴族の狩猟用の外服だったが、後代に大成した能の約束事では、最も威儀を整える表着として扱われている。袷《あわせ》と単《ひとえ》があり、袷狩衣は神体や鬼神など役どころの重みが大切な曲に用いる。「翁狩衣」は専用の別格の装束とされる。裏地のない透ける生地で作られた単狩衣は、雲上人《うんじょうびと》や草木の精に用いられる。替装束として単狩衣の裾に襴《らん》のついた装束を用いることがあり、能装束ではこれを「直衣《のうし》」と呼んで、同じように公卿などの役に用いる。

白大口《しろおおくち》

大口袴の略称で、前部分はヒダがとってあり、後側は平たくて固い生絹地の半袴。腰の部分を張りふくらませて着装する。

狩衣大口出立《かりぎぬおおくちいでたち》 衣紋付《えもんつけ》

狩衣の頸上《くびかみ》の紐を懸け合わせてとめる盤領《まるえり》の部分を、Vの字に内側へ折り込んで着ける能独特の姿。服飾の歴史上では、狩衣ではなく水干《すいかん》に用いた着装方法でした。

腰帯《こしおび》

細長い布製の帯で、腰の後ろにあたる部分と、前に垂れる部分の三カ所に薄い板が縫い込まれ、締めたときに美しい形になるよう工夫されている。ほとんどすべての役に用いるが、緞子《どんす》・紋付・縫入《ぬいいり》・胴箔《どうはく》の別があり、写真の腰帯は、桐の縫入。

鱗と般若は鬼女のお決まり

鬼女（後シテ）**裳着胴《もぎどう》 腰巻《こしまき》 出立《いでたち》**
紺地《こんじ》 立涌《たてわく》 輪宝《りんぽう》 釘抜《くぎぬき》 厚板《あついた》、白地《しろじ》 鱗《うろこ》 摺箔《すりはく》
面……般若《はんにゃ》　鬘帯……無紅《いろなし》鱗模様　持ち物……打杖、負柴《おいしば》

安達原《あだちがはら》

黒塚《くろづか》

作者不詳

　廻国修行中の山伏《やまぶし》、阿闍梨祐慶《あじゃりゆうけい》の一行が、陸奥《みちのく》の安達原《あだちがはら》（福島県の二本松辺り）にさしかかる。日が暮れたので灯火の見える一軒家に宿を求めることになった。そこには老境にさしかかったと思しき女が一人住まいをしていた。祐慶の求めに応じ糸繰りの労働をしながら、人生の儚《はかな》さを嘆く女。夜更けて焚火の薪を集めようと外へ出て行く女は、執拗に寝所《しんじょ》を覗かぬよう言い残す。不審に感じた供の男が寝所を盗み見ると、夥《おびただ》しい人の死骸が積まれている。さては噂に名高い、安達原・黒塚の鬼女の棲家であったかと、慌てて逃げ出す祐慶たちに、鬼女となった女が襲いかかる。

　なお、観世流以外の流儀では「黒塚」と呼んでいる。

出立

　背中に縷水衣《よれ》で包んだ柴を背負い、己《おの》れの正体を知った山伏たちを襲う鬼女。

　前作の『演目別にみる能装束』『安達原』（68頁）では年を経た白頭《しろがしら》の演出を紹介したが、こちらはやや若い鬼女のバージョンで、曲の位としては軽くなる。鱗の模様は般若の面《おもて》と組み合わせて使う「鬼女」の決まりの意匠であるが、写真では腰巻にした厚板に有職紋《ゆうそくもん》である立涌《たてわく》模様を使っているところ、また、用いている般若の面が白いところから、『葵上《あおいのうえ》』の後シテ・六条御息所《みやすどころ》の生霊《いきりょう》でも通用しそうな扮装である。

　一方、腰巻にある「輪宝紋《りんぽうもん》」は車輪状に刃物を連ねた武器で、仏教を護持する意匠。四角い菱形の模様は座金《ざがね》の穴にテコを入れて釘を抜いた、その座金を図案化した「釘抜紋」である。「九城《くき》を抜く」＝九つの城を陥落させるという戦勝の縁起を担いで武家に好まれた。

演者が一言

　物語の内容や、わかりやすい舞台進行、襲いかかる鬼女と祈り伏せる山伏という対戦構図など、難しいとされる能の中にあって、上演頻度の高い人気曲。中学生や高校生向けの古典芸能鑑賞会でも、よく演じられています。単純な鬼退治のお話だけでなく、鬼女となった女の人生の悲哀や、仏道による救済、約束を反故にされた者の怒り、など演劇的な要素を充分に備えた演目といえます。

　前半のシテ（＝女）は、年齢設定は中年から老境にさしかかる年代ということで、通常は、「深井《ふかい》」や「曲見《しゃくみ》」の能面に、黒鬘（＝黒髪）、無紅《いろなし》（赤色の入らない）唐織着流姿が基本形ですが、腰巻・水衣姿もあり、鬘を白髪混じりのものにして、「痩女《やせおんな》」の面をかけたり、全くの白髪にして「姥」や「老女」の面をかけたりすることもあります。

　後シテの鬼女も、般若の面に裳着胴《もぎどう》・腰巻姿が基本ですが、厚板を脱下《ぬぎさ》げで着ることもあります。髪も、常の黒鬘を乱し髪にする、黒頭《くろがしら》をかぶる、白頭をかぶるなど、小書《こがき》（特別演出）の種類や年齢設定によりさまざまです。なお金春流《こんぱる》では、般若に赤頭、紅入《いろいり》の半切袴で登場してきます。これも含めて、本曲の後シテの姿には多くの種類があるといえます。

鱗箔を用いず、鱗模様の厚板を脱下げにした出立。着付は紺地唐草緞子模様。

鎧と兜で原曲の描写を再現した厚板

平知盛《たいらのとももり》の霊（後シテ）　**裳着胴《もぎどう》　半切《はんぎれ》　出立《いでたち》**
茶紺段替《ちゃこんだんがわり》　兜《かぶと》　厚板《あついた》、白地《しろじ》　芝《しば》　蘆丸《あしまる》　半切《はんぎれ》
面……怪士《あやかし》　冠り物……鍬形《くわがた》付き黒頭《くろがしら》　持ち物……長刀《なぎなた》、太刀《たち》

碇潜【いかりかづき】

作者不詳

九州を目指す旅の僧が、本州の西端・長門国早鞆《ながとのくにはやとも》の瀬戸で渡し舟に便船を乞う。船中で船頭から壇ノ浦の合戦での能登守《のとのかみ》・平教経《のりつね》の奮闘を聞かされた僧が、夜通し平家一門の霊を弔っていると、大きな屋形船が夜の海に浮かぶ。中には二位尼《にいのあま》や、新中納言・平知盛の霊が乗っており、安徳帝入水のようすや、平家の滅亡を見届けた知盛が、合戦の最後に船の碇《いかり》をおもりとして、水中に沈んで自害した有様を見せる。

出立

壇ノ浦で奮戦し、碇を担いで入水した様を再現する平知盛の幽霊。

のちの人形浄瑠璃や歌舞伎『義経千本桜』の二段目、大物浦《だいもつのうら》の凄惨な最期でも有名な場面である。いずれも平安の公達《きんだち》らしい有職紋《ゆうそくもん》に水を連想させる波頭や海の生き物をあしらう装束が、平家一門の幽霊の特徴を表している。

後世の歌舞伎で〝碇知盛《いかりとももり》〟と呼ばれる扮装は、平家の家紋である蝶を大きく配した狩衣《かりぎぬ》を肩上げにした演出が多く、直接の原案に繋がる能の本曲よりも能『船弁慶』の後シテとして登場する知盛の扮装（前作『演目別にみる能装束』60頁）を想起させる。義経一行を海に沈めようと激しく躍動する怨霊は、江戸時代の人にとって強烈に知盛のイメージに通じたのだろう。

その演出に比べれば写真の知盛の出立は少々地味に感じられるが、実は『平家物語』によれば、知盛が碇を担いだという記述はなく、乳兄弟の平家長とともに鎧を二重に着て入水したと記されている。写真のシテの着付は小札《こざね》を連ねた鎧の縅《おどし》を金で地模様に、鍬形付きの兜を上紋に織り出した厚板を裳着胴《もぎどう》（表着を脱いだスタイル）に着けている。能の扮装は象徴的なものであるから、あからさまな写実の意匠を嫌う傾向にあるが、鎧を重ねて着けたという平家物語の原曲の描写に沿った演出になっている点が興味深い。

演者が一言

前段のシテは老体の船頭で、平教経の奮戦を語り、後段のシテは平家軍の実質的総帥であった、平知盛の霊です。

この演目は古い作品らしく、伝承される台本に異同が多く、二番目物として修羅道の武士たる知盛を描くものと、五番目物として、リアルに戦いと「碇」を担いで海に「潜」って自害する有様を見せる演じ方とが混在しています。

後段、屋形船や二位尼が出る演出を通常演出とする台本と、特別演出（小書《こがき》）とする台本があり、前段・後段共に演出に今なお多くの工夫を加えながら上演されている、珍しい曲です。固定された演出が当たり前の能の世界では、実に興味深いことであるといえます。

「錨」ではなく「碇」という字をあてているのも、古えの舟は石に綱を結わえつけた碇を用いたからでしょう。金属の錨になったのは時代が下ってからのことでしょうから、写真のような形状の錨が源平時代に使われていたわけではないはずで、あくまで後世の舞台演出であるといえます。但し見た目としては、三ツ又の金属風のイカリに効果があります。時代考証をとるか、絵面《えずら》をとるか……。

まだまだ、『碇潜』の演出は進化していくことでしょう。

御座船から碇を担ぎ海中へ飛び降りる知盛。

上下に同じ意匠を重ねる選択

鬼神（後シテ）**法被《はっぴ》 半切《はんぎれ》 出立《いでたち》**
紺地《こんじ》 山道《やまみち》 雷雲《らいうん》 給法被《あわせはっぴ》、紅地《べにじ》 山道《やまみち》 雷雲《らいうん》 半切《はんぎれ》
面……顰《しかみ》 冠り物……赤頭《あかがしら》 持ち物……打杖

大江山【おおえやま】

作者不詳

丹後と丹波の国境いの大江山に棲む鬼が、人を取って喰らうというので、朝廷は源頼光《らいこう》に討伐を命じた。頼光一行は旅の山伏《やまぶし》の姿に変装し、道に迷ったふりをして大江山の鬼ヶ城に入り込む。大江山の主は酒呑童子《しゅてんどうじ》と呼ばれる大の酒好きで、初めは頼光一行のことを怪しむが、酒盛りをするうちに機嫌もよくなり、眠りにつく。頼光らは夜陰に乗じ、巨大な鬼の姿となって眠っていた酒呑童子を襲撃し、激闘の末に退治する。

出立

源頼光《らいこう》の一行に立ち向かう酒呑童子《しゅてんどうじ》。

後シテの袷《あわせ》法被と半切は、源氏の武将や鬼神に必ず使われる武張《ぶば》った装束の組み合わせ。濃い地色に金で大きく強い模様を織り出したものが多い。

写真は上・下のどちらも「山道紋」と呼ばれるギザギザの大きな地模様の織り出しに、荒々しいつむじ風を重ねたデザイン。恐ろしい大鬼の登場に風雲渦巻く舞台を、圧倒的な迫力で見せつける。

このように上着・袴ともほとんど同じ意匠を重ねる演出は、少々くどく感じる向きもあって、実は能の舞台ではあまり見ない。シテの思いきった選択を感じる演出である。

演者が一言

本曲の主人公（＝シテ）は酒呑童子。本性は身の丈《たけ》二丈《じょう》、約六メートルもあろうかという赤鬼ですが、前段で人前に出る時は童子（＝少年）のような風体で現れ、こよなく酒を愛するキャラクター。もともとの棲家であった比叡山を伝教大師によって追い出されたあと諸国を廻り、ようやく大江山に居を構えたくだりの語りは、酔っ払いの大法螺《おおぼら》にも似て愛らしい。左の写真は後段の凶暴そうな鬼の姿です。

鬼の姿になって大屋台（寝所）を飛び出す酒呑童子。（観世喜之）

髭の有無で出立が変わる専用面にも注目！

悪七兵衛景清《あくしちびょうえかげきよ》（シテ）　**水衣**《みずごろも》 **大口**《おおくち》 **出立**《いでたち》

黒《くろ》 紲水衣《しけみずごろも》、茶《ちゃ》 大口《おおくち》、小格子《こごうし》 厚板《あついた》

面……景清・髭あり　冠り物……角帽子《すんぼうし》・沙門付《しゃもんづけ》　持ち物……中啓《ちゅうけい》、杖

景清

【かげきよ】

作者不詳

平家の侍大将として勇名を馳せた悪七兵衛《あくしちびょうえ》・平景清《かげきよ》は、平家滅亡に際し源氏に捕らえられ、二度と戦えないようにと両目をくり抜かれ、京や鎌倉からも遠い日向国《ひゅうがのくに》（宮崎県）に追いやられ、流人《るにん》として余生を送っていた。そこに娘が訪ねて来る。落ちぶれ果てた今の身を見せたくない景清は、他人のふりをして娘をやり過ごすが、仲介する者があって娘と対面する。史上に名高い屋島の合戦での活躍を聞きたがる娘に、往年の英雄ぶりを聞かせるが、ついには自らの死後を弔うようにと娘に帰郷を促し、景清親子は別れ別れとなるのだった。

出立

盲《めし》いて老いさらばえた猛将は、訪ねて来た娘に自分の人生を仕方話《しかたばなし》にする。

小格子の厚板を着ける出立は、神の化身や身分の高い精霊に用いるのが一般的だが、ここではかつての英雄の身分の高さを表すために使われている。金茶色の腰帯は平安貴族の愛好した有職紋《ゆうそくもん》として知られる小葵紋で、やはりかつての身分の高さを表す。沙門付《しゃもんづけ》と呼ばれる着方にした紺地に金襴の角帽子《すんぼうし》にも葵の葉を意匠化した模様が見られ、出立全体の統一を図っている。

下の写真は、水衣の着流出立。腰帯は鈍色《にびいろ》に青海波《せいがいは》に七宝繋《しっぽうつな》ぎの緞子《どんす》。沙門付の角帽子は、茶色の濃淡で唐花を漆箔で織り出したもの。時代があり、経年変化で漆の面が剝落し、ざらざらとした風合いは景清の装束にふさわしい趣がある。

同じ役でも、右の写真のように、大口を着けることによってだいぶ雰囲気が変わる。男女を問わず、より身分の高さ、改まった形を出立で表現するのが「袴」というアイテムのもつ性格である。

演者が一言

衰え果てたとはいえ、平家一とも讃えられた勇猛果敢な武将・悪七兵衛景清。日向の勾当《こうとう》と名乗るように、出家をしています。盲目の役ゆえ「景清」という専用面を用いますが、髭のある面を用いる場合は、色大口を履き、水衣を着ます。

髭のない面を用いる場合には、大口は履かずに着流姿となります。英雄としてのプライドと流人としての悲哀、かつての奮闘を語る晴れがましさと親子の情愛。「松門之出《しょうもんので》」といわれる冒頭の謡い出しと、盲目ゆえの杖の扱いなど、至難の名曲といえます。

髭のない景清面をつけた場合は、着流姿となる。

唐団扇で中国の故事をあらわす

慈童（シテ）　法被《はっぴ》　半切《はんぎれ》　脱下《ぬぎさげ》　出立《いでたち》

紫地《むらさきじ》　菊菱《きくびし》　袷法被《あわせはっぴ》、紅地《べにじ》　菊枝《きくえだ》　半切《はんぎれ》、黄色地《きいろじ》　霞《かすみ》　秋草《あきくさ》　唐織《からおり》

面……童子《どうじ》　持ち物……唐団扇《とううちわ》

菊慈童【きくじどう】

作者不詳

枕慈童【まくらじどう】

中国・酈縣山《れっけん》に、不老不死の薬の泉が湧き出ると聞いた時の皇帝が、家臣を派遣し、ようすを探らせると、菊の園の中に一人の少年（＝慈童）が暮らしている。素性を尋ねると慈童は、あやまって王の枕をまたいだ罪でこの山に流されたが、菊の葉を伝って滴り落ちる露を飲んで、七百年間生き続けているという。慈童は皇帝にも自分と同じような長寿を捧げましょうと寿ぎ、再び菊の園に戻ってゆく。

出立

深山で菊水の霊力を得、七百年の長寿を経た慈童。

腰帯までことごとく菊尽くしの意匠で、曲趣が大変わかりやすい演出。手に持つ唐団扇《とううちわ》で中国の故事と知ることができる。

菊が登場する謡曲は酒にまつわる演目が多い。岐阜県の名物・朴葉味噌のもてなしに使われるところから名づけられた「飛騨コンロ」には、よくこの菊慈童の謡本が貼られている。割れやすい珪藻土でできたコンロを反故紙で補強した実用的な工夫だが、謡曲に親しい人が見れば、慈童の長寿と菊の酒にあやかった洒落たデザインとすぐ察せられる。

演者が一言

かつては王宮に仕えていた慈童が粗相を咎められ、酈縣山《れっけん》に流罪となって捨てられる前段の部分を省略し、それから七百年経った後段部分が主に演じられています。不老不死の薬の酒「菊の露」を飲んで、人の立ち寄らない山中で暮らすという神仙思想に基づく物語。少年の姿のまま老いることのない長寿を、素直にめでたいものとして描いています。

「童子」または「慈童」の面を用いますが、私が初めて『菊慈童』を演じた時はまだ十歳そこそこだったので、面をかけることはせず、直面《ひためん》（＝素顔）で演じました。シテ方の世界では、能面は、元服してからしかかけてはいけないことになっており、現代ではおおむね十五歳を基準に、それ以前は面をかけるべき役柄でも直面で演じています。

なお曲名は、観世流以外では『枕慈童』と呼ばれていますが、観世流には『枕慈童』という別の曲があります。

菊まがきの台の上で、慈童が金襴で包んだ枕を帝にささげる場面。

「勝ち」に通じるブルーで戦勝祈願

覚明《かくめい》（シテ）　**僧兵出立**《そうへいいでたち》
紺地《こんじ》 **鶴亀切金**《つるかめきりかね》 **直垂上下**《ひたたれじょうげ》
冠り物……袈裟頭巾《けさずきん》　持ち物……中啓《ちゅうけい》、太刀《たち》

木曾【きそ】

作者不詳

反平家の旗を掲げて蜂起した源氏の木曾義仲は、北陸道を砺波山《となみやま》へ向けて進軍していた。その途次、埴生《はにう》八幡宮の神域に陣を張った義仲は、戦勝祈願の願文《がんもん》である「願書《がんしょ》」を八幡神に奉呈すべく、参謀の大夫坊覚明《たゆうぼうかくめい》に命じて起草させる。能筆の覚明はすらすらと願書を書き上げて義仲の前で読み上げ、神前に捧げ、その後の倶利伽羅《くりから》峠の大勝利がもたらされる。

出立

木曾義仲の腹心、覚明《かくめい》。大きな頭巾は袈裟を巻いた「袈裟頭巾」と呼ばれるもので、史実に取材した武装した僧侶の典型的な扮装。着付には無紅《いろなし》厚板を用い、写真のような直垂《ひたたれ》の上下を着ける。

直垂は鎌倉武士によって大成された服飾様式で、能が江戸幕府を中心とする式楽として強い関わりをもったことから、公家の服飾様式とは違い、近代を迎えるまで現実の武家の決まりごとに即した演出形態を能の中に残した。このような濃い藍色を「かちん」と呼び、勝ちに通じる色としてとくに武家に好まれた。

切金《きりかね》模様は能の直垂によく見られる意匠で、『勧進帳』の冨樫《とがし》など歌舞伎の松羽目物《まつはめもの》の意匠にも転用されている。

演者が一言

『安宅《あたか》』の「勧進帳」、『正尊《しょうぞん》』の「起請文」、『木曾』の「願書」は三読物と呼ばれ、長い文章を難解な節回しで謡いあげます。節の難しさ、謡いの貫禄などが求められる至難の謡い処となっていますが、劇的な展開の『安宅』や、斬り組みの大立ち回りのある『正尊』と比べ、『木曾』の曲はこれといった見せ場はなく、願書を聞かせるための能であるといえます。このため観世流でも上演頻度はあまり高くなく、宝生《ほうしょう》流では願書の部分が謡としてのみ謡われるとのこと。

戦勝祈願の「願書」を木曾義仲らの前で読み上げる覚明。

天狗（後シテ）**袷狩衣《あわせかりぎぬ》 半切《はんぎれ》 出立《いでたち》**

薄萌葱地《うすもえぎじ》 霞《かすみ》 落葉《おちば》 袷狩衣《あわせかりぎぬ》、茶地《ちゃじ》 輪宝《りんぽう》 飛雲《ひうん》 半切《はんぎれ》

面……癋見悪尉《べしみあくじょう》　冠り物……白頭《しろがしら》に大兜巾《おおときん》　持ち物……羽団扇

オリジナルの袷狩衣で

鞍馬天狗【くらまてんぐ】

小書「白頭」の場合

宮増作

春の好日、京の鞍馬山では満開の桜の下に、寺で勉学に励む稚児たちを連れて僧侶が花見にやってくる。そこへ素性のわからぬ山伏が闖入してきたため、稚児たちは引き上げてしまった。ところが一人だけ帰らない稚児がいる。沙那王《しゃなおう》と名乗るその稚児こそ、牛若丸、後の源義経であった。父の敵の平家を滅ぼしたいと願う少年沙那王に対し、山伏は、自分が鞍馬の僧正坊《そうじょうぼう》という天狗であり、兵法を伝授しようと言って姿を消す。後段、大天狗の姿で再来した僧正坊は、自分を師匠として大切に思ってくれる沙那王に、秘伝の兵法を残さず伝授する。

出立

牛若丸に兵法の奥義を授ける大天狗。頭上の大兜巾は通常のそれより一回り以上大きい独特なもの。

半切にある輪宝《りんぽう》は車輪の周囲に剣が突き出した武器で、仏法を守る剣の護法童子の乗り物でもある。その、天駆ける勇ましい運転方法?は、平安末期に描かれた国宝「信貴山《しぎさん》縁起絵巻」の巻中に詳しいので、ぜひ画像検索をして見てほしい。

なお、写真の袷狩衣の意匠は、この演目のために調整された観世九皐会《きゅうこうかい》のオリジナルの由。

狩衣の大きな葉はとくにモデルになった植物はないそうだが、葉の裏に尖ったもので書くと文字が浮き出てくる多羅葉《たらよう》に見立てたら？ とのアイデアを植物にお詳しい能楽師の方から頂戴した。日本では経文を書いたり、炙って占いをしたりしたところから寺社に多く植えられた木だそうである。鞍馬山の風とともに幼い牛若へ届けられる秘法があるなら、立派な巻物ではなくて、きっとそのような可憐な伝書に違いない。

演者が一言

前作『演目別にみる能装束』にも取り上げた演目です。その時の写真（54頁）は通常演出の装束、すなわち紺地の狩衣、紅地の半切、赤頭、大癋見《おおべしみ》の能面をかけていますが、今回の写真は「白頭」の小書バージョンでのもの。薄萌葱地の狩衣、茶地の半切、白頭に、癋見悪尉《べしみあくじょう》の面をかけています。萌葱地の狩衣には、金糸で木の葉の柄を入れてありますが、これは、師父の三世・観世喜之が育てた若竹会の能楽師の同人がアイデアと下絵を描き、師匠が『鞍馬天狗』の白頭を演じる時に謹呈した装束です。

橋掛りに並ぶ子供たちは、稚児の役で、謡もなく、舞台にずらっと並んでいったん着座し、程なく帰るという簡単な役のため、多くの能楽師の子弟がこの稚児役で初舞台を踏むことになっています。私の娘も昨年この役で初舞台を踏ませましたが、立ち並ぶ間にお喋りを始めてしまい、山伏役の私は舞台上で愕然として、動揺を隠すのに苦労しました……。

能楽界の子女の多くが花見の稚児役で初舞台を踏む。親の緊張っぷりのほうが見ものといわれる。

赤・黒・白、三色の頭を一堂に

稲荷明神（後シテ）　**裳着胴《もぎどう》　半切《はんぎれ》　出立《いでたち》**
白地《しろじ》　青海波浮木《せいがいはふぼく》　厚板《あついた》、紫地《むらさきじ》　飛雲《ひうん》　花入亀甲《はないりきっこう》　半切《はんぎれ》
面……牙飛出《きばとびで》　冠り物……黒頭《くろがしら》　持ち物……槌《つち》

小鍛冶【こかじ】

作者不詳

小書「黒頭」の場合

刀匠の三条の小鍛冶宗近《こかじむねちか》のもとに、帝からの勅使が訪れ、天下第一の剣をこしらえるよう勅命が下る。折節、相槌《あいつち》を打つ相方がいなかった宗近は困惑し、氏神である伏見稲荷に参る。すると不思議な少年が現れて、古くから名剣によって天下が治められたことを語り、宗近への助力を約す。奇特に思った宗近が祭壇を設け祈りを捧げると、稲荷明神が現れて相槌役となり、宗近と共に名剣・子狐丸を完成させる。

出立

御剣《みつるぎ》を打つ相槌を務めるために現れた稲荷明神。前作『演目別にみる能装束』の『小鍛冶』(56頁)では白頭《しろがしら》の演出を紹介したが、この出立のように頭上の狐戴《きつねだい》を用いない黒頭で上演されるバージョンもよくみられる。さらに「重キ黒頭」の小書《こがき》(特殊演出)の場合は最も重い扱いとなり、特別な習い事の必要な曲となる。

演出の表現として不思議に感じられるのは、白よりも若さを感じさせる黒頭がより重い曲の扱いになること、また、表着を着けない裳着胴《もぎどう》の扮装(黒頭に限らない)で稲荷明神の神体を表す点である。後半は文字通り鍛冶場で刀を鍛えるシーンが中心であるので、服飾的にそうした現場の状況によったものかもしれないが、能の演出としてはやや写実的すぎるように思われる。

着付は白地に黄色で細かな青海波《せいがいは》を織り出した地模様の上に、黒糸で大きく棒状の形を縫い表したところから前作『演目別にみる能装束』では「盲亀浮木《もうきふぼく》」の説話を具象化した意匠と見立てた。しかし、浮木が多すぎる、青海波ではなくて上下逆向きの「鱗」模様とみるべきではないかとのご指摘もいただいた。いま見れば、剣を鍛えるために不可欠な大量の炭に譬えられなくもない。矢来観世家以外で未だ拝見したことがない意匠で、その由来も謎めいた一領である。

演者が一言

本曲も前作で取り上げていますが、今回の写真は黒頭の小書によるもの。裳着胴姿で、半切、黒頭、牙飛出の面をかけます。

前段の少年(前シテ)は、いわゆる童子の姿で、朱色の縫箔を着て絓《しけ》の水衣を羽織りますが、左の写真は紋紗《もんしゃ》の生地。

なお『小鍛冶』は、後段の装束が小書演出によりさまざまに変わります。特に頭にかぶる「頭」の色が、赤、黒、白と三色とも使用可能で、さらに狐戴の冠をつける場合、つけない場合と多様です。次に白頭と赤頭の写真を掲げました。

通常演出の場合の前シテ・童子の姿。

喜多流小書「白頭」の場合　**法被《はっぴ》 半切《はんぎれ》 脱下《ぬぎさげ》 出立《いでたち》**

白地《しろじ》 亀甲飛雲《きっこうひうん》 袷法被《あわせはっぴ》、白地《しろじ》 紗綾形雨龍《さやがたあまりょう》 半切《はんぎれ》、白地《しろじ》 青海波浮木《せいがいはふぼく》 厚板《あついた》

面……泥小飛出《でいことびで》　冠り物……白頭に狐戴《きつねだい》

通常演出の場合

法被《はっぴ》 半切《はんぎれ》 肩上《かたあげ》 出立《いでたち》

紫地《むらさきじ》 亀甲《きっこう》飛雲《ひうん》 袷法被《あわせはっぴ》、紅地《べにじ》 毘沙門亀甲《びしゃもんきっこう》 半切《はんぎれ》、紅萌葱段替《べにもえぎだんがわり》 紗綾形龍ノ丸《さやがたりゅうのまる》 厚板《あついた》

面……小飛出《ことびで》 冠り物……赤頭に狐戴

水衣の下に見える南天に注目

桜子の母（シテ） **水衣女《みずごろもおんな》 出立《いでたち》**

浅葱《あさぎ》 絓水衣《しけみずごろも》、紺地《こんじ》 檜垣南天《ひがきなんてん》 縫箔《ぬいはく》、白地《しろじ》 露芝《つゆしば》 摺箔《すりはく》

面……曲見《しゃくみ》 持ち物……掬網《すくいあみ》

桜川【さくらがわ】

世阿弥作

九州日向国《ひゅうがのくに》に住む少年桜子《さくらご》は、母親の貧窮をみかねて人買い商人に我が身を売り、代価を母親に届けさせる。これを嘆いた母親は、桜子を探す長く果てしない旅に出る。

季節は春、常陸国《ひたちのくに》磯部寺の僧侶たちは近頃入門した少年を連れ、桜川の辺に花見に出かける。折節、真っ赤な掬網を持った狂女が、川に流れる花びらを掬っては遊芸を見せている。女は九州から子供を探して、はるばる関東の常陸までやってきたという。散る桜花の下、狂乱する女のようすを見た寺の少年が、桜子であると名乗り、母子はめでたく再会する。

出立

家の貧しさを見かねて自ら身を売った少年を追う母。その結末は川辺をめぐる類曲『隅田川』と大きく違うが、狂女の姿としては持ち物が違うだけで同じ出立に分類される。

縫箔は檜垣に南天の意匠。南天は正徳二年（一七一二）に発売された江戸時代の百科事典『和漢三才図絵《わかんさんさいずえ》』（寺島良安著）に「庭中に南天を植ゑて火災を避くべし、甚だ験《しる》し」とあるように「難を転ずる」という俗信からさまざまな意匠がある。実際に毒性と薬効を併せもつ植物で、現代でも赤飯のお重に南天の葉をのせるのはその由来による。この装束の選択も、はるばる九州から東国へ子を探し続けた母の、幸せな結末を予兆したものか。日本刺繍の繊細で艶やかな技が光る一品。

鬘帯は紺地に七宝繋《しっぽうつな》ぎの箔を押し、桜の刺繍を施す。なお、着付の摺箔の模様は技法的には金銀箔をプリントした摺箔ではなく、織りで文様を表現する現代の技法で作られている。

演者が一言

世阿弥作の長編。謡の詞章も素敵で、盛り上がりも多く、桜の風情豊かな曲。子方《こかた》（＝子役）の桜子は、謡（＝セリフ）はないのに長時間舞台上で座っていなければならず、子方時代は長くて退屈だな～と思っていました。長じてシテや地謡を勤めるようになると、子方の苦労はどこ吹く風で、実によい演目と感じます。まだシテは一度しか勤めていませんが、また演じてみたい曲です。

母親役の中年女性の定番で、曲見《しゃくみ》や深井《ふかい》の面をかけ、無紅《いろなし》の縫箔を腰巻として着し、薄い色目の水衣を羽織ります。狂女の定番の持ち物は笹ですが、『桜川』では紅入《いろいり》の掬網《すくいあみ》を持ち、「網之段」という段落で、散り浮く桜の花びらを掬う所作を見せます。

『隅田川』のシテ（梅若丸の母）は女笠をかぶり、狂い笹を持つ。縫箔は、流水蛇籠の意匠。着付の摺箔は『三井寺』（78頁）に同じ。

猩々といえば全身真っ赤な「猩々緋」

猩々（シテ）　**唐織《からおり》 壺折《つぼおり》 大口《おおくち》 出立《いでたち》**
紅地《べにじ》 巻水《まきみず》 草花《くさばな》 扇《おうぎ》 唐織《からおり》、紅地《べにじ》 青海波《せいがいは》 半切《はんぎれ》、紅地《べにじ》 花入《はないり》 七宝繋《しっぽうつなぎ》 摺箔《すりはく》
面……猩々《しょうじょう》　冠り物……赤頭《あかがしら》　持ち物……乱扇《みだれおうぎ》

猩々【しょうじょう】

小書「猩々乱《みだれ》」の場合

作者不詳

中国・揚子《ようず》の里に住む親孝行者の高風《こうふう》は、夢のお告げに従い市場で酒を売っていた。そこへ猩々と名乗る赤ら顔の陽気な客が現れ、日々酒を飲んではにこやかにたわむれて帰っていく。

この猩々は海中に住む猿の姿をした福神であり、高風に汲んでも汲んでも尽きることのない酒の壺を与え、高風は富貴の身となるのだった。

出立

「汲めども尽きず、飲めども変わらぬ」秋の夜の盃をかわす妖精・猩々。

全身真っ赤といえば「猩々緋」という言葉が生まれるくらい、この演目の出立に尽きる特徴的な扮装である。

唐織には桜、菊、萩、紅葉に水仙と四季の草花を織り出し、扇はその香りを伝えるように舞い遊ぶ猩々の動きを具象化しているようだ。また、水辺の物語であるので波頭を表す青海波《せいがいは》の模様を半切につけることが多く、この写真のような紅地の半切は猩々専用の装束といってもよい。表着の唐織にも地模様に巻水を配した意匠の装束を選んでいる。

演者が一言

猩々は、酒を愛してやまない猿の妖精ゆえ、全身緋色づくめの装束となります。

赤頭に、専用面の猩々、緋色の摺箔、紅入《いろいり》の唐織を壺折で着て、緋大口に、紅入の腰帯、童扇《わらわおうぎ》を持つのが通常演出の姿です。

写真は、「猩々乱」といって猩々の特別演出での装束です。単なる緋大口ではなく、緋色に金地の青海波模様の半切と菊模様の腰帯、それから乱扇《みだれおうぎ》という専用の扇を使用します。通常演出では、「中《ちゅう》之舞」というスタンダードな舞を舞いますが、「猩々乱」では、「乱」という特別な笛の譜になり、囃子の演奏が別ものに変化します。舞も、波を蹴り上げるような足遣いや、「流れ足」という波間を漂うように横へ動く所作が入るなど、たいへん難しいものとなります。

また小書が「双之舞《そうのまい》」になると二人（二匹？）の猩々が相舞《あいまい》をし、「置壺」になると大きな酒の壺から柄杓で酒を汲んで飲む所作が入るなど、小書による変化のバリエーションが多い演目です。

小書「猩々乱」「置壺」「双之舞」で、大きな壺から酒を汲んで舞い戯れる猩々たち。（観世喜之との相舞）

千手【せんじゅ】

金春禅竹作

シテの女もツレの男も主役

平重衡《たいらのしげひら》（ツレ）　裳着胴《もぎどう》　指貫《さしぬき》　出立《いでたち》

白小葵小袖《しろこあおいこそで》、鼠地《ねずみじ》　八藤《やつふじ》　指貫《さしぬき》

持ち物……掛珞、中啓《ちゅうけい》、数珠

千手《せんじゅ》の前（シテ）　**唐織《からおり》 着流女《きながしおんな》 出立《いでたち》**

紅白段替《こうはくだんがわり》 石畳花熨斗《いしだたみはなのし》 唐織《からおり》、白地《しろじ》 小葵《こあおい》 摺箔《すりはく》

面……若女　持ち物……中啓《ちゅうけい》

千手【せんじゅ】

平清盛の子・重衡《しげひら》は、一ノ谷の敗戦で捕らえられ、鎌倉へ護送された。源頼朝は、清盛存命中に南都焼き討ちを指揮し、東大寺大仏殿等を火にかけた重衡の扱いに苦慮しつつも、丁重に遇し、千手《せんじゅ》の前を遣わして重衡の世話をさせた。

平家の御曹司である重衡の優美な挙措や、罪を悔いて出家を望むその姿に、惹かれるものを感じる千手で

出立

一ノ谷の戦で生け捕られ鎌倉へ護送された平重衡。このように表着を用いず着付の小袖を露出した出立を「裳着胴《もぎどう》」と呼ぶ。

指貫《さしぬき》は『翁』のほか、源融《とおる》など公家の男性役に広く用いる装束で、袴の中では最も格が高い。平安貴族のしきたりと同じく裾を内側へ折り返してくくり、丈を調節して着けることができる。現実の位階では、色が薄いほど年配で高位の人が着ける決まりがあったが、能装束の指貫は必ずしもその約束事を踏んでおらず、この装束の選択も重衡の年齢からいうと現実的には合わない。しかし、真っ白な小袖の小葵紋、腰帯の藤の丸も平安の有職故実に取材した形があり、捕らわれた貴人の憂いと相まって地味ながら美しい出立となっている。

一方、千手の前は幽囚の貴公子を慰めるため、一夜かぎりと遣わされた美女。二人の儚《はかな》いふれあいを具体的に表現する一瞬がこの場面である。

一面の地模様に上紋を織り出す唐織のデザインは、桃山時代までの平板な表現技法から一歩進んだ意匠の様式で、なかでも石畳の地模様は比較的初期に現れる。やがて、桃山時代の「段替」（模様を配した大きな段が、左右の身頃と袖で一段ずつずれる）という、現実に用いた構成を能装束の中に残しながら、この装束のように絵画的な上紋を自在に織り出せるようになり、大名家の強力な後ろ盾を受けて、豪奢極まりない唐織が西陣から競われていった。このあたりの歴史については、前作『演目別にみる能装束』に収載の「日本の服飾と能装束の歴史」に詳しく記した。

演者が一言

この曲は、千手がシテ（主役）、重衡がツレ（従役）と設定されていますが、重衡役にはしばしば、千手役より格上の役者が据えられることもあり、どちらも主役ともいえる大事な役です。

千手は若い女性の定番である若女の面に、唐織着流姿。観世流の決まりでは、シテには紅白段替の唐織を用いることになっています。一方の重衡は生きている男性の役なので、面をかけず直面《ひためん》。無紅《いろなし》厚板に大口姿が原則ですが、ほとんどの場合は、位、身分の高さを示すため、白《しろ》練《ねり》に指貫姿とします。首から掛路《から》をかけ、数珠を持つことで、僧侶ではないけれども仏罰を悔いて、出家したい気持ちを表しています。琵琶を奏でる場面（前右頁）では、扇を広げて左手にかかげることでそれを表現し、千手が合わせる琴の奏で（前左頁）は、同じく千手の左手に持った扇が表します。

終局部で「はや後朝《きぬぎぬ》に引き離るる、袖と袖との露涙」という謡に合わせ、去りゆく重衡と見送る千手が袖を当てるシーンが、右の写真です。本来の型（＝所作）では袖は当てず入れ違うだけなので、これは替えの型ですが、現今ではこの袖を当てるほうが主流になっています。能の中では、男女の距離を一番濃密に表現している型である、といわれています。

縫箔と扇の文様に寓意あり

小野小町（シテ）　**長絹《ちょうけん》 着流女《きながしおんな》 出立《いでたち》**
薄茶地《うすちゃじ》 桐《きり》 唐草鳳凰《からくさほうおう》 露芝《つゆしば》 長絹《ちょうけん》、茶紺段替《ちゃこんだんがわり》 蒲公英《たんぽぽ》 葵《あおい》 縫箔《ぬいはく》
面……姥（老女）　冠り物……烏帽子《えぼし》　持ち物……老女扇

卒都婆小町【そとばこまち】

観阿弥作

高野山から都を目指す二人の僧侶が阿倍野の辺りを通りかかると、乞食の老婆が卒塔婆に腰をかけている。それを咎める僧たちに老婆は反論し、仏教の教理を引いて僧たちをやり込めてしまう。その教養の高さに唯人ではないと気づいた僧が老婆の名を尋ねると、かつて貴顕の世界に美女として名を馳せた、小野小町の成れの果てだと名乗る。

小町は百歳かとも見まごうほどに老いさらばえ、往来で物乞いをし、糊口を凌いでいる。そしてかつて邪険にした深草の少将の霊に取り憑かれ、もの狂おしい狂乱の態を見せる。曲名は「卒塔婆」ではなく、「卒都婆」と表記する。

作業着のようにあつかわれる水衣の装束の中でも一段と卑しさを演出する褸水衣を着け、落魄の姿を表す。着付の摺箔も金銀が退色し、褐色がかった摺箔を用いるが、このような装束を老女に多く使うことから「姥着箔」とも呼ぶ。

出立

深草少将の霊に取り憑かれ、男装して百夜《ももよ》通いの様を再現する年老いた小町。

長絹《ちょうけん》は、能装束によくある三つ越しの絽《ろ》の生地ではなく、顕紋紗《けんもんしゃ》の技法で桐唐草と鳳凰紋を全体に織り出している。

裾の部分は露芝紋に分類される意匠だが、金銀の箔を用いて大きく大胆に表されている点が珍しい。過ぎ行く月の満ち欠けや夜空の星々を連想させるデザインである。

腰巻の縫箔にあるのは蒲公英《たんぽぽ》と葵の花。蒲公英はその根が深く張ることから長寿を象徴し、葵は古来「あふひ＝逢う日」に繋がる寓意を持つ植物。

シテが「胸、苦しや」と胸に当てる老女扇は、古くから日本の屏風絵に散見される「柳橋水車図」を描いている。これは単なる川辺の風景画ではなく、橋はこの世とあの世を繋ぐモチーフ、川の流れは止まることを知らない時間、水車は巡りゆく輪廻を示唆している仏教的な寓意である。

演者が一言

能の世界では、老女の役を演ずることが最難関であるとされています。構えや、杖を突いての足遣い、声の出し方など、ただ物真似をしただけでは老女の風体とはなりません。たしかに実際に老境の小柄の役者が演ずると、見た目にも自然体で「お婆ちゃん」に見え、とても素敵なのですが、一方で本当に歳をとる前に演じきってこその老女だという考え方もあり、若いうちに野心的に演じる人もいます。我が家では、祖父の代より、卒都婆は若いうちに演《や》っておけ、と言われていて、父も私も破格の三十代で初演しました。私の場合は、不出来の誹りは甘んじて受けるものの、確かに次へ向かう一歩とはなりました。

写真は、衰え果てた我が身を恥じて笠をかかげて顔を隠す場面と、深草の少将の霊に取り憑かれ、少将の百夜通いを再現して見せる場面で衣と烏帽子を着けたところです。

狩衣と白大口を着けて神様に

住吉明神（後シテ）　**袷狩衣《あわせかりぎぬ》 大口《おおくち》 出立《いでたち》**

紺地《こんじ》 鳳凰《ほうおう》 袷狩衣《あわせかりぎぬ》、白大口《しろおおくち》、紅白段替《こうはくだんがわり》 桐唐草《きりからくさ》 厚板《あついた》

面……邯鄲男《かんたんおとこ》　冠り物……透冠《すいかんむり》　持ち物……扇

高砂【たかさご】

世阿弥作

九州から都に上る途中、播州高砂の地に立ち寄った神主・友成一行は有名な高砂の松を眺めることにする。松の木蔭を清める老人夫婦から謂われを教わり、摂津国《せっつのくに》住吉の松と当地高砂の松が夫婦の松であることを知る。老人夫婦の教えに従い舟出した友成一行が住吉に着くと、住吉明神が現れ、舞楽を舞って福寿円満を祝う。

出立

暖かな春の月景色のもと、颯爽とした舞を見せる住吉明神。

桃山時代の能役者・下間少進《しもづましょうしん》が著した『童舞抄《とうぶしょう》』には神舞における早さ遅さによって、装束の色を変える、今日まで続く演出が明記されている。少進の示唆によれば、本曲の後シテは早舞なので早き位＝青であるが、同じ住吉明神でも老体でゆったりとした「真之序ノ舞」を舞う『白楽天』では、白の袷狩衣を用いる。老若と色分けの対比が面白い演出方法である。腰帯は鳳凰が住みその実を好むという桐の縫紋。

演者が一言

能を代表する有名演目。しばしば「結婚式でおなじみの高砂」と紹介されますが、現代の若い方はどのくらいピンときているのか疑問です。

世阿弥作の代表曲で、和歌の故事を引き、高砂住吉の相生《あいおい》の松の謂われから夫婦の円満長寿を寿ぎ、後段では住吉の松＝住吉明神による闊達なる舞で泰平を祝うという内容です。

天下泰平を祈願する翁猿楽から発展した芸能である能にとって、本曲のように神様が登場し、泰平や長寿を祝う曲は「脇能」と呼ばれ、多くの演目があります。中でも高砂は、「真之脇能」とされ代表曲となっています。

冒頭で述べた結婚式云々は、前段と後段をつなぐ場面で、神主・友成一行が、高砂の浦から帆を上げて舟出をし、追風にのって順調に住吉の浦に向かう場面の謡の一節「高砂やこの浦舟に帆を上げて〜」を、新婚夫婦の門出になぞらえ、松の夫婦のごとく長寿円満でありますようにとの祝賀を込めて、結婚式で謡われるようになったようです。

写真は、後段の住吉明神の姿。本来神様が出現される時は、神職や巫女などに憑依《ひょうい》するとされますが、能では畏れ多くも神様のお姿を演じます。狩衣という礼装で、白大口を履き、「邯鄲男」（写真）や「神体」、「霊神」といった能面をかけ、透冠《すいかんむり》をかぶります。高位の貴族あるいは少し異国風とも見える風体で現れ、神様然とした風格を見せます。

なお、左の写真のように狩衣の胸元を紐で留めず、V字になるように折り込んで着せ、腰の部分で身頃のはしょりをとらないで腰帯をしめる付け方を「衣紋付《えもんつ》け」といい、小書などの特殊演出の場合に衣紋付けとなることがあります。

特殊演出の場合は、狩衣を「衣紋付け」にすることがある。

紅色との取り合わせを楽しむ

龍田姫（後シテ）**長絹《ちょうけん》 大口女《おおくちおんな》 出立《いでたち》**
紅地《べにじ》 扇面《せんめん》 枝下桜《しだれざくら》 長絹《ちょうけん》、萌葱《もえぎ》 大口《おおくち》
面……増女《ぞうおんな》　冠り物……天冠　持ち物……幣《へい》

龍田【たった】

作者不詳

大和国の龍田神社に参るため、旅の僧たちが龍田川を渡ろうとすると、巫女に止められる。古来、多くの和歌に詠まれているように、あたかも錦のごとくに紅葉散り浮かぶ龍田川を渡ることは、戒めるべきだというのだ。巫女は先導して龍田明神を案内するが、実は祭神の龍田姫であると明かして社殿の中に姿を消す。奇特に感じた僧たちが待っていると、社殿から龍田明神が御姿を現し、天《あめ》の御鉾《みほこ》を守護し、紅葉を神木とする謂れを語り舞う。龍田の風景を愛で、神楽を舞って女神は昇天する。

出立

冬枯れの風景の中、「神は非礼を承らず」と立ち現れる龍田明神。散り敷いた紅葉の上に薄氷の張る龍田川を錦の布にたとえ、踏み砕いて神域へ渡ろうとした旅僧を咎める。

『三輪』『葛城《かづらき》』『西王母』など、女神が主役の謡曲は数あるが、女神が頭上に戴く「天冠《てんかん》」は、それぞれのキャラクターや演出によって、立て物を替える（82頁『楊貴妃』の天冠を参照）。上質の天冠は瓔珞《ようらく》に漆皮《しっぴ》の技法を用い、能面を傷つけないようにしている。

燃え盛る紅葉も私が染めたゆえと神徳を説き、艶やかな様で辺りを祓う龍田の女神は、威厳に満ちて一段と神々しい。摺箔と長絹の裾模様には流水の意匠を用いて、龍田川の流れを表す。

能装束の出立の中で、赤色の入った装束を用いることを「紅入《いろいり》」というが、本曲には欠かせない彩りといえよう。紅地の長絹と萌葱《もえぎ》の大口の取り合わせの美しさは「青丹よし　奈良の都は……」と古歌に詠われたように、日本の色彩美の基調ともいえる対色の効果をあますところなく表現している。

演者が一言

『三輪』『巻絹』などとともに、神楽という笛に合わせた舞のある演目。神楽は女神の舞で、前半は幣《へい》を持って舞い、後半は扇に持ち替え、舞のスピードがあがり、舞っていて楽しい曲です。

紅葉の紅色がテーマカラーで、美しい女神に見えるような面《おもて》、装束の取り合わせとなります。私のイメージでは、女神様は少しツンとした怜悧なお顔であるのが好みなので、ツンツン度の高い増女《ぞうおんな》や小姫の面を使いたいところ。装束は上から下に緋色を入れたいので、上着に緋の長絹あるいは緋の舞衣《まいぎぬ》ならば下は、萌葱あるいは浅葱、紫などの大口。逆に下に緋大口なら上の衣の色を変えるという取り合わせもあります。

左の写真の時には、下に白地の龍田川模様の紋大口を着けてみました。

波と紅葉を織り出した龍田川模様の紋大口を着け、写実的な演出にした出立。

能楽界を救った蜘蛛の糸

土蜘蛛（後シテ）**法被《はっぴ》 半切《はんぎれ》 肩上《かたあげ》 出立《いでたち》**
紺地《こんじ》 轡繋《くつわつなぎ》 袷法被《あわせはっぴ》、紅地《べにじ》 山道《やまみち》 雷雲《らいうん》 半切《はんぎれ》、
黒紅段替《くろべにだんがわり》 龍《りゅう》 紗綾形《さやがた》 厚板《あついた》
面……顰《しかみ》 冠り物……赤頭

土蜘蛛【つちぐも】

作者不詳

原因不明の病いで苦しむ源頼光《らいこう》。侍女らが薬を勧めるが一向に改善しない。その夜、怪しい僧侶が頼光の寝所に現れたかと思うと巨大な蜘蛛となって糸を放ち、頼光を捕縛しようとする。が、応戦した頼光に斬りつけられて退散する。

蜘蛛の正体は葛城山に棲む妖怪土蜘蛛で、武士団の総帥である頼光を亡き者にして、都を乗っ取る企てだった。頼光は家臣らを葛城山に差し向け、糸を放ちながら暴れ回る土蜘蛛を退治させる。

出立

おびただしい糸を吐きながら追っ手に立ち向かう土蜘蛛の妖怪。

幕末から近代へ、武家社会の瓦解とともに、庇護者を失った能も大きな打撃を受けた。本曲により人々の耳目を奪うことになった「千筋《ちすじ》の糸」は、その厳しい時代を生き抜いた金剛流の太夫・金剛唯《ただ》一《いち》（一八一五～八四年）が発明した画期的なアイデアである。現在は他の四流でも当たり前の演出になったが、金剛家では能楽復興に尽力した彼に敬意を払い、「千筋之伝」の小書（特殊演出）として特にこの演出を記す。投げる糸の数、方向、タイミングはそれぞれの流儀によって異なるが、本家本元の金剛流のそれが一番大量で、華やかなように感じられる。

写真の袷《あわせ》法被は両袖を内側に畳み、肩上げをして着けるスタイル。本曲のような妖怪や鬼神のほかに、修羅物の法被や長絹を表着とする場合でもこのような着け方をして力強さを表現する演出がある。

演者が一言

この曲は登場人物も多く、大立ち回りもあり、小中高校生の鑑賞会から薪能、ホール能に至るまで、たいへんに上演頻度の高い演目です。「能」というとイメージされる幽玄美とは対極にある活劇といえます。

みなさんが興味のある、クモの巣ですが、和紙と錘《おもり》を使って作ります。元来は能楽師が小道具として、コツコツと作っていたそうで、演目中に発射する数も数発と少なかったようです。現在では、専門家から納品されるクモの巣を購入して舞台で使用しています。特殊技術ですので、単価もお高い。観世流では平均して一舞台で十～十五発くらいはクモの巣を撒きますから、まさに散財となります。

今でも数人の方は、クモの巣を自作されているようですが、かつて当家の同門にも、たいへん器用で研究熱心な能楽師がいまして、クモの巣を作ってもらいました。ところが製造上の単純なミスがあったようで、舞台で撒く巣がどれもこれも千切れて不発弾となってしまいました。見所《けんしょ》（客席）のお客様の失笑の中、悲しくなりながら土蜘蛛を演じました。（ま、他人の所為《せい》にしてはいけません。私の不徳の致すところです。）

中国の父子を前後で演じ分け

天鼓の霊（後シテ）　**法被《はっぴ》 半切《はんぎれ》 脱下《ぬぎさげ》 出立《いでたち》**
紺地《こんじ》 檜垣唐草《ひがきからくさ》 袷法被《あわせはっぴ》、紫地《むらさきじ》 木瓜《もっこう》 唐草《からくさ》 半切《はんぎれ》、紅白段替《こうはくだんがわり》 亀甲牡丹《きっこうぼたん》 厚板《あついた》
面……童子《どうじ》　持ち物……中啓《ちゅうけい》

天鼓【てんこ】

作者不詳

中国の王伯・王母夫妻には、天鼓と名づけた息子がいた。その名の由来は、出生時に天から鼓が降る夢を母親が見たためであり、後には本当に天から鼓が降ってきて天鼓の愛器となり、天鼓は音楽の才能溢れる少年として有名になった。この噂を聞いた時の帝が、名器の鼓を手に入れたいと望んだが、我が身と一心同体の楽器を手放すことはできないと、天鼓は逃亡する。しかしすぐに御用となり、天鼓は呂水に沈められ、鼓だけが召し上げられてしまった。

ところが主人の死を悼むかのように鼓は音を発しなくなってしまった。父親王伯が呼び寄せられ、鼓を打つと妙なる音色を響かせた。帝は親子の情愛に涙し、今は亡き少年天鼓を管絃講で弔うこととする。すると、帝自らの弔いに感謝した天鼓の亡霊が水中から浮かび上がり、鼓を打ち鳴らし、舞を舞うのだった。

出立

後シテは楽しげに鞨鼓《かっこ》を打ち鳴らす天鼓の霊（写真右）。少年らしい紅入《いろいり》の厚板に袷法被を肩脱ぎに着ける。檜垣の中に唐草をあしらった意匠は、前作『演目別にみる能装束』の『恋重荷』（52頁）の半切にも。また、亀甲牡丹の厚板は本著の『菊慈童』（33頁）の着付にも用い、どちらも中国風の意匠と解釈されている。

前シテは、呂水に沈められた我が子を思い悲嘆にくれる老父・王伯（写真下）。唐人の証である唐帽子《とうぼうし》を着けている。袷法被は萌葱《もえぎ》地に五三の桐紋と唐草の意匠。金糸を用いず、小さく単純な模様を平面状に織り出した技法と、色糸の数を少なく用いている点が、桃山期の古い唐織を思わせる。江戸後期に復古調の能装束が流行ったことがあり、その時代の製作か、あるいはその写しかもしれない。

室町、桃山時代の能面が現役のことはけして珍しくないが、能装束では近世以前のものを舞台で拝見する機会は極めて少なく、往時の演能の雰囲気を偲ばせる一品である。

演者が一言

前段のシテは父親の王伯、後段のシテは息子の天鼓。前シテは生きた老人の役で、後シテは亡霊となって現れる少年の役。シテは前後で演じ分けを要求されます。他にも『藤戸』や『船弁慶』、『鵜飼』など、前後でシテの役どころが変わる曲はいくつもありますが、『天鼓』は面・装束はもちろんのこと、発声や構え、足の運びなど、まるで異なるキャラクターを前後で演じることになります。

前シテの老人は、定番の尉髪に、熨斗目《のしめ》、紺水衣《しけみずごろも》姿が小書《こがき》のない通常演出時のものですが、右の写真は「弄鼓之舞《ろうこのまい》」の小書の時の姿で、格子の入った熨斗目か、中国風の柄の厚板を着流で着て、袷法被を羽織り、唐帽子をかぶり、その脇から白垂を垂らします。面は、中国系の役柄ですので、口髭のない阿瘤尉《あこぶじょう》を用います。後シテも、常は扇を持ちますが、小書の時は唐団扇を持つなど、随所に中国風な工夫を施した装束立てとなります。また弄鼓之舞では、後段の舞が盤渉《ばんしき》楽《がく》という笛の調子が高いテンポのよい舞となり、通常演出では出演しない太鼓が囃子方に加わるなど、音楽的に華やかなものに変化します。

鞨鼓台に据えられた鼓を打つ前シテの父・王伯。古風な袷法被に注目したい。（観世喜之）

栄華を極めた大臣は単狩衣姿で

融の霊（後シテ）　**単狩衣《ひとえかりぎぬ》 指貫《さしぬき》 出立《いでたち》**
浅葱地《あさぎじ》 桐鳳凰《きりほうおう》 単狩衣《ひとえかりぎぬ》、緋指貫《ひのさしぬき》
面……中将《ちゅうじょう》　冠り物……初冠《ういかんむり》に垂纓《すいえい》　持ち物……中啓《ちゅうけい》

融【とおる】

世阿弥作

都六条の河原院の旧跡を訪れた旅僧の前に、老人が汐汲みの田子《たご》を担いで現れる。僧が都の真ん中で汐を汲む老人に不審の旨を告げると、老人はここ河原院は陸奥《みちのく》の塩竈浦《しおがまうら》の景色を模した庭園であるから、何も不審はないと説明する。老人は河原院の主・左大臣源融《とおる》の物語を聞かせ、折から出た月を旅僧と共に愛で、見渡せる都の名所を教えた後、汐汲みの有様を見せて姿を消してしまう。

夜半に僧の夢枕に、在りし日の貴族の姿で融の大臣《おとど》の霊が現れ、月下に優雅な舞を舞い、夜明けとともに去って行く。

田子を担ぎ、月光の下、六条院の栄華と都の名所を語る汐汲みの老人。

出立

栄華を懐かしみつつ、六条院の廃墟で舞う融の大臣の亡霊。

単狩衣《ひとえかりぎぬ》は天皇や貴族の男性、草木の精霊に用いる装束。貴人の霊の場合、演出によっては直衣《のうし》（76頁『松山天狗』参照）を用いることもある。袴は指貫《さしぬき》。平安貴族の宿直《とのい》装束から取材した組み合わせだが、この写真のような緋色の指貫の有職《ゆうそく》故実の資料は未見。着付や袖の露紐の紅と相まって斬新で美しい演出である。

頭上の冠は文武の区別があり、これは文官を表す緌《えい》を垂らした垂緌《すいえい》の冠をつけている。

注目したいのは腰帯の、細かい石畳に瓜の断面を乗せたような「窠《か》に霰《あられ》紋」を模した意匠。窠の中に笹竜胆《ささりんどう》と唐花を配した、舞楽装束の表袴《うえのはかま》にも残る平安有職の模様で、本来は皇族以外の使用は許されなかった。単狩衣の桐と鳳凰も、竹と組み合わせて天皇の束帯に用いる格の高い意匠で、栄華を極めた大臣にふさわしい格調高い姿と、前段の汐汲みの老人とのギャップに興趣を感じる。

演者が一言

秋の名曲といわれ、フルバージョンの能はもちろん、半能、舞囃子、仕舞などでしばしば演じられます。替えの演出である小書《こがき》の数が非常に多く、ことに後段の舞事に関してはさまざまなバージョンがあり、舞の種類は一番多いかもしれません。

前段で、田子（＝天秤棒に桶のついたもの）を担いで登場した老人は、中入前に汐汲みのようすを見せます。通常は舞台中央で左右の桶を同時にどカーンと舞台面に寝かせて汐を汲みます。どカーンではなく、海水の中へ桶を、ジャバーンのイメージのはずですが、音的には少し乱暴な印象ともいえます。または、舞台目付柱とキザハシの間あたりで、片桶ずつ、舞台外へ出して汐汲みをする型もあり、こちらは替えの型として行います。

後段は小書によって、装束が大いに変化します。右頁の写真は通常演出のもので、高位の貴族ですから単狩衣に指貫、初冠《ういかんむり》に垂緌姿です。特徴は頭の部分で、素のままの頭に鬘帯形式に鉢巻をして、中将の能面をかけ初冠をかぶるので、耳と首から上の生え際が丸見えとなります。昨今ではこの姿をなーんとなく避けるのか、黒垂をつけたり、鬘を結ってから面・冠をつけたりと工夫がされています。有職故実に適っているのかは不明ですが……。なお、小書によっては、黒頭《くろがしら》、風折烏帽子《かざおりえぼし》、半切なども用いられます。

大壺折の凛々しい女武者

巴御前《ともえごぜん》の霊（後シテ）　**唐織《からおり》　壺折《つぼおり》　大口女《おおくちおんな》　出立《いでたち》**

浅葱地《あさぎじ》　花入七宝繋《はないりしっぽうつなぎ》　唐織《からおり》、緋大口《ひおおくち》、白地《しろじ》　花菱《はなびし》　摺箔《すりはく》

面……増女《ぞうおんな》　冠り物……梨子打烏帽子《なしうちえぼし》　持ち物……長刀《なぎなた》、太刀《たち》

巴
【ともえ】

作者不詳

信州木曾の山家の僧が近江国・琵琶湖のほとり粟津《あわず》にやって来ると、一人の若い女が祠《ほこら》を拝み、涙を流している。謂《いわ》れを尋ねると、この地で戦死した木曾義仲がここに祀られているという。そして女は自分も木曾に所縁の亡者であると言い残し姿を消してしまう。僧が弔いをしていると、義仲の愛妾であった巴御前の霊が凛々しい女武者の姿で現れ、粟津の合戦の有様を語る。自ら長刀《なぎなた》をふるって奮戦したが、最後は自害したこと。義仲の命で形見を預かり生き延びた義仲と共に死ぬことが叶わなかったことに執心が残っていると告げ、さらなる弔いを乞う。

出立

愛する木曾義仲のために戦った様を再現する巴御前の霊。能の曲中、異色の女武者である。

装束付けとしては80頁の『山姥』と同じ「大壺折《おおつぼおり》」の出立になる。82頁の『楊貴妃』とも似ているが、表着の腰の部分の折り返しを大きくゆったりととる点が異なるので、見比べてほしい。

写真のように大きな七宝繋《しっぽうつな》ぎの唐織を『巴』に用いる舞台をよく見るが、特に五流全体の決まりではなく、現代の流行りともいうべきか。色とりどりの大きな紋が女性の鎧らしい雰囲気を持つからであろうか。

また、この装束のように全体的に和様の紋を織り出した唐織は、流儀によっては、江戸後期に登場した男性用の厚板との中間的な「厚板唐織」に分類する場合もある。

摺箔は大内菱《おおうちびし》に似た菱紋を白地に金で表し、腰帯は紅地に胴箔の雪持笹。荒々しさや悲劇だけではない、「私を置いていかないでほしい」という巴の一途な思いがあふれる特殊な修羅能である。

演者が一言

『巴』の後段は、女武者という特異な姿であることが特徴です。装束的には大口に壺折姿ですので、楊貴妃など身分の高い女性と基本部分は同型です。

緋大口は同じでも、少し強い柄の唐織を、胸元の合わせを少し低めにして、裾の開き具合も広めに見せる「大壺折」にすることで若干異なる印象になります。また梨子打烏帽子《なしうちえぼし》をつけ、白鉢巻を加えることによって、女面をつけていても武者っぽい雰囲気が強調されますし、太刀を佩《は》き、長刀《なぎなた》を持ちますので、女武者＝巴の姿が確立されます。

義仲の命により泣く泣く戦場を離脱する終曲部では、武具に見立てた烏帽子や刀の装備を自ら脱ぎ捨てます。するとたんに女性らしい姿と表情になり、憐れを誘います。観世流では通常は目付柱手前で客席に向いたままで、烏帽子と太刀を外し、烏帽子はその場に捨てて、太刀を懐に隠して立ち去る仕草をみせます。他の流儀では、後見座《こうけんざ》で後ろを向いて、後見がこれらの作業を行います。こうしたところにも、流儀による演出の大きな差を、見てとることができます。

烏帽子と太刀を外して、武装を解いた巴御前。

美しい長絹をまとう気高い御息所

六条御息所《みやすどころ》の霊（後シテ）　**長絹《ちょうけん》　大口女《おおくちおんな》　出立《いでたち》**

紫地《むらさきじ》　檜扇《ひおうぎ》　夕顔《ゆうがお》　長絹《ちょうけん》、緋大口《ひおおくち》

面……増女《ぞうおんな》　持ち物……中啓《ちゅうけい》

野宮【ののみや】

金春禅竹作

秋の風情濃い嵯峨野の野宮《ののみや》。かつて伊勢に下る斎宮《さいくう》が禊《みそ》ぎのために籠った野宮の旧跡を眺める僧の前に、気高い風情の女が現れる。今日長月七日は、野宮にあった六条御《み》息所《やすどころ》を光源氏が訪れた特別な日であると語る女。光源氏の来訪と、訣別のための伊勢下向について詳しく語った女は、御息所の霊であると告げ姿を消す。

弔いをする僧の夢枕に、牛車《ぎっしゃ》に乗った在りし日の姿の御息所の霊が再び現れ、賀茂の祭りの車争い以来、癒されることのない傷ついた自らの誇りと、尽きることのない源氏への思い、その妄執を晴らしてほしいと僧に懇願する。

出立

野宮に現れた六条御息所《みやすどころ》の霊魂は、光源氏との愛に別れを告げた昔を語る。

能装束の「長絹《ちょうけん》」は武家の直垂《ひたたれ》が公家の服飾に持ち込まれて発展したと考えられている。本来は能装束の直垂や素袍《すおう》の着方にも残るように、直垂系の服飾の約束として裾を袴の中に着込めるが、舞の衣装として位置づけられるうちにフンワリと羽織る着装になったと考える。子方《こかた》や鳥獣類の扮装で、前身頃だけ腰紐で縛る着装を古画で見たが、現代の五流の舞台では未見。

また、背中を中心に後身頃に三つ、前身頃に二つ同じ模様がつくのは、現代の「紋付きの着物」に残る鎌倉武家の「大《だい》紋《もん》」の直垂の様式を踏襲しているためである。その後、全体に模様を配したり、一枚の絵画のように題材を表した長絹も作られるが、大紋のスタイルはオーソドックスな意匠といえるだろう。気高い貴婦人の懊悩が美しい装束の舞とあいまって、幻想的な秋の夜の風情を感じさせる。

演者が一言

能の演目には、「位」といって格式のような概念があり、三番目物といわれるグループの演目は、おしなべて位の高いものとされます。おもに王朝時代の女性を主人公とすることが多く、必ず鬘をつけるためか、「鬘物」とも呼ばれますが、過去を回想する形式で、シテが幽霊として登場する三番目物の夢幻能はとても大事にされています。『野宮』は、長けた演者でないとなかなか舞うことが許されない本三番目物の代表的な演目であるといえます。

同じ六条御息所が登場する『葵上』では、鬼と化していく情念を描いていますが、『野宮』は、御息所の気高さ、誇りの高さが源氏への思い出を通して描かれ、凛と張り詰めた空気と、輪廻の車で廻り続ける妄執、といったものを品格高く表現しなければなりません。

輪廻の車に乗って、火宅の門を去るのか、はたまた廻り続けるのか、その終曲の型を、スチールならではの構図で撮影した後ろ姿（右頁）は、陰翳とともに、青木信二さんの珠玉の一枚であると感じています。

野宮の鳥居と小柴垣の結界で、此方と彼方を一足の出し引きで見せる有名な場面。（観世喜之）

薄幸の夕顔に似合う白の長絹

夕顔の霊（後シテ）　長絹《ちょうけん》　大口女《おおくちおんな》　出立《いでたち》
白地《しろじ》　藤棚《ふじだな》　流水《りゅうすい》　長絹《ちょうけん》、緋大口《ひおおくち》
面……孫次郎　持ち物……中啓《ちゅうけい》

半蔀

【はじとみ・はしとみ】

内藤藤左衛門作

夏安居《げあんご》も終わり、立花《りっか》の供養をする僧のもとに現れた女。夕顔の花の供養をしてくれるよう懇願し、自らが夕顔の縁につながる者であるとほのめかして姿を消してしまう。

女の言い残した言葉に従い、僧が都の五条を訪れると、かつて光源氏と契ったという夕顔の上の屋敷を彷彿とさせる館から、蔀戸《しとみど》を押し上げて美しい女が現れる。女は夕顔の花が取り結んだ光源氏との出会いを語り、その後再び蔀戸の内へ消えてゆく。

出立

光源氏のつかの間の恋人の霊は、あまりに儚《はかな》い恋の次第を語る。

物怪《もののけ》に命を奪われた夕顔の君。とり殺したのは前項『野宮』のシテ・六条御息所《みやすどころ》であるらしい。この二曲はどちらも光源氏の恋人でありながら、かたや市井の女、かたや当代一の貴婦人という主役のギャップをはじめに、半蔀《はじとみ》と小柴垣、儚さと気高さなど、さまざまな角度から比較しながら観るとたいへん面白い曲である。そして出立は双方全く同じ「長絹大口」の姿で現れる。

面と装束の色彩・意匠の違いによる演出効果を見比べていただきたい。模様やストーリーから判断すると、前掲の六条御息所の「夕顔に檜扇の長絹」が本曲に似つかわしいが、夕顔の白い花を表現するなら、白、あるいは水浅葱のようなごく淡色の色合いの長絹が、薄幸の美女の舞を表すのにふさわしい。

また、長絹の意匠は舞装束としての機能から、動きを誘発する意匠が採用されるのが常である。本曲では水辺に揺れる藤棚の花。他に風に舞う扇や柳、花、空を飛ぶ鳥や蝶などのデザインが多い。

演者が一言

観世流では「はじとみ」、他の流儀では「はしとみ」とも呼称します。

『源氏物語』の夕顔の上を主人公とした曲で、夕顔の上とも、夕顔の花の精とも区別しがたいようなキャラクター設定で美しく現れ、舞を舞います。同じく夕顔の上を主人公としたその名もズバリ『夕顔』という演目では、物怪に襲われ落命し、魂の救済を願いにくるという直接的な描かれ方をしています。両演目の描き方が対照的ではあるものの、いずれも実に幽玄能らしいテイストであるといえます。ちなみに上演頻度は、圧倒的に『半蔀』が上位です。

武家の服飾様式を伝える演目

佐野常世《さののつねよ》（前シテ）　**素袍男**《すおうおとこ》　**出立**《いでたち》
黒地《くろじ》　浜松刺《はままつざし》　素袍上下《すおうじょうげ》、　白茶《しろちゃ》　段熨斗目《だんのしめ》
持ち物……鎮扇《しずめおうぎ》

鉢木

【はちのき】

作者不詳

上野国《こうずけのくに》の佐野源左衛門尉常世《つねよ》は、大雪の降る日、旅の僧を我が家に泊める。元は土地の領主であった常世だが、一族の横領に遭い、妻と二人、食べ物や薪にも事欠く窮乏の底にあった。そんな中、妻の助言もあり、旅僧になけなしの粟飯を勧め、焚火にする薪の代わりに、長年手をかけた鉢木（盆栽）をも火にくべてもてなす。そんな境遇においても、「いざ鎌倉」の気概を見せる常世を励まし、僧は旅立ってゆく。

程なく幕府より鎌倉へ軍勢を集合させるよう命が下る。常世は痩せ馬に乗って錆びた長刀《なぎなた》を担ぎ、ともかくにも鎌倉を目指す。きらびやかに諸国の軍勢が居並ぶ中、一人呼び出しを受けた常世は、幕府の得宗・最明寺入道時頼が、先の大雪の折の僧であったと知り、所領安堵の上、火にくべた梅・桜・松の鉢木にちなんだ領地を与えられる。

出立

大雪の夜、愛蔵の鉢の木を火にくべて旅の僧侶をもてなす常世《つねよ》。

落魄した武士という意味で、裏地のある直垂《ひたたれ》ではなく、一段軽い裏地のない素《す》袍《おう》の上下を身に着けているという演出。この装束の位の上下は鎌倉武家のしきたりまで遡るが、観世流では特に、刺し子を連想させる模様の「浜松刺」という素袍を、この曲専用の装束として用いる決まりがある。

また、着付の熨斗目《のしめ》は本来武家の正装時の小袖で、無地熨斗目より段熨斗目の方が格が高い。狂言の婚礼シーンなどでもお馴染みの装束であるが、現代でも伝統的な着付のスタイルとして、あらたまった舞台で能楽師が裃《かみしも》の下に着けることもある。シテの装束だけでなく、江戸期における武家の服飾形式の名残は、上演する曲やイベントの種類によって差異があり、いまなお現代の舞台にも生き続けているのである。

演者が一言

この曲のシテは、能面をかけない「直《ひた》面《めん》」で演じます。現在進行形の物語で、生きている男性の役は面《おもて》をかけないことがほとんどです。ただ直面は、単なる素顔ではなく、「直面」という面をかけるのだ、といわれるように、この曲の主人公・佐野常世に見えなくてなりません。面がないゆえの難しさです。

前シテは、江戸段の熨斗目に、素袍・長袴で黒地に霰模様の決まり柄を用い、鎮扇《しずめおうぎ》も近衛引き（幅の広い横縞模様）と決まっています。

また後シテは甲冑または陣羽織をイメージさせる側次《そばつぎ》を着て、鉢巻を締め、長刀と鞭を持ちます。謡の中に「古腹巻に錆び長刀」と謡われてはいますが、そこは舞台衣装ですので、わざとボロをまとうようなことはしません。長刀はあるときは、自身が乗る馬の頭に見たてて用いたりもします。

腰帯も、白地に釘抜きの柄が決まりです。

後段で、将軍の呼び出しに、いざ鎌倉と駆けつける常世。通常、鎧姿の出立に使う袷法被ではなく、一段軽い位の側次を着けることによって落魄した身分を表す。

形見の花筐を抱えながら舞う女御

照《てる》日《ひ》の前（後シテ）**唐織《からおり》 脱下女《ぬぎさげおんな》 出立《いでたち》**
紅白段替《こうはくだんがわり》 御簾《みす》 牡丹唐草《ぼたんからくさ》 唐織《からおり》、白地《しろじ》 縫入《ぬいいり》 藤立涌《ふじたてわく》 摺箔《すりはく》
面……若女《わかおんな》 持ち物……中啓《ちゅうけい》、花籠

花筐【はながたみ】

世阿弥作

越前国味真野《あじまの》の男大迹皇子《おおあとべのみこ》は、都に上って継体天皇として即位した。寵愛を受けていた照日《てるひ》の前には、別れを告げる玉章《たまずさ》（手紙）と花筐《はながたみ》（花籠）が遣わされる。急遽帝位に即いた皇子を寿ぎながらも、突然の別れを悲しんだ照日の前は、やがて狂乱し都を目指す。

大和国玉穂の都では新帝が紅葉狩りの行幸《ぎょうこう》をしていた。そこに通りかかった照日の前と侍女は、皇子の形見の花筐を大事に抱えながら、狂乱の舞をみせる。そして遂に帝が照日の前であることに気づき、めでたく再会、帝妃として迎えられる。

出立

恋人だった皇子の筐《かたみ》を手に、狂いさまよう照日の前。上村松園《うえむらしょうえん》が描いた同名の日本画でも有名な一場面である。

表着の片袖を脱下げにする出立は狂女の内面を具象化するほかに、船上で棹を使ったり、砧《きぬた》を打つ姿などにみられる演出の決まり事である。

唐織は金糸で細かな竹ひごを表現した御簾《みす》の上に、牡丹の唐草と菊や梶の葉を絵緯《えぬき》（緯糸《よこいと》）で織り出す。着付の摺箔には藤の花を意匠化した立涌を金で摺り出した上に、右の写真では肩口に見える牡丹の他に桔梗《ききょう》、萩、椿、菊、梅、蘭、竹など四季の草花を丸紋に刺繡して散らし、通常の摺箔よりも一段と豪奢な装束となっている。

筐の中には文字通り花を入れる演出のほか、この写真のように葉を入れる場合は、「黐《もち》の木の葉を五枚ほど入れる」と古い型付けにあるが、根拠は不明。樹皮から鳥黐を作るほか、神木として境内に植える地方もある由だが、藁屋や持ち棹として能の作り物によく使われてきた植物なので、単に耐久性からの選択かもしれない。現代では葉や花も造花で代用することがほとんどである。

演者が一言

能によく出てくる狂乱の女性。愛する子供や恋人との別離から平常心でいられなくなった女性が、相手を探し求める様を描く、狂女物という作品群があります。

『花筐』は帝の妃となる女性を主人公としており、狂女物の中では品格を重要視しますので、前半の皇子からの手紙＝文を読む場面や、花筐＝花籠を持つちょっとした仕草も上品に行います。

後段では若い狂女の定番姿、唐織脱下げ姿で次々に狂乱の舞を舞い続けます。侍女を伴う狂女は他に例がなく、また舞も難易度の高いもので、芸位の要求される曲ではありません。

即位した天皇から届いた文を読む照日の前。前段では、唐織を脱下げにしていない。

扇がカギの曲に、扇面模様の唐織

花子《はなご》（後シテ）　**唐織《からおり》 脱下女《ぬぎざげおんな》 出立《いでたち》**
紅白段替《こうはくだんがわり》 流水《りゅうすい》 扇《おうぎ》 秋草《あきくさ》 唐織《からおり》、白地《しろじ》 巻水《まきみず》 摺箔《すりはく》
面……若女　持ち物……中啓《ちゅうけい》

班女【はんじょ】

世阿弥作

美濃国野上宿の遊女・花子《はなご》は、東国へ下る吉田の少将と、互いの扇を取り交わして深い契りを結ぶ。しかしそれ以来、座敷に出ることもなくなった花子は、宿場の長から追い出されてしまう。

東国からの帰途、野上に立ち寄った吉田の少将は、花子が居なくなっていることに落胆し、帰京して糺《ただす》の森（下鴨神社）に向かう。そこに班女とあだ名される狂乱の若い女が現れ、恋する人との再会を神に祈る。「班女の扇」という言葉に過剰なまでに反応しながら舞う姿に、吉田の少将はこの女こそ花子であると気づき、互いの扇を見せ合い再会を喜ぶ。

出立

吉田の少将と交わした夕顔の扇を掲げる狂女・花子。

表着の片身を脱下げた出立は、心がここにない狂女や、船を漕ぐなど作業中であることを表す。表着は紅白の段替りに流水を織り出した地模様に、本曲のテーマである扇を中心にして女郎花《おみなえし》、桔梗《ききょう》、萩、菊などさまざまな秋の草花を絵緯《えぬき》（緯糸《よこいと》）で表した唐織。摺箔の流れる水は、寄る辺なく彷徨《さまよ》う狂女の心を象徴する。

「秋」は「飽き」に通じる意匠で、本曲は中国・漢の成帝の宮女であった班《はん》婕妤《しょうよ》（通称・班女）が、帝の寵愛がおとろえた悲しい自分の身を、秋になると要らなくなる秋の扇に喩えた歌の故事を引いている。

流儀によっては詞章通りの「夕顔の扇」ではなく、男女お揃いの扇を合わせてめでたしめでたし、という演出もある。

演者が一言

「班女の扇」は、寵愛が遠のいた女性を、秋になると用がなくなり、いつしか忘れうち捨てられてしまう扇に喩えた言葉。野上の宿の花子は、あれほど約束したのになかなか戻って来てくれない吉田の少将を思い、人から班女、班女と揶揄《やゆ》されながらも、少将との再会を待ち続けます。我が身の上の切なさと、大切な形見の扇への思いが随所に描かれている曲です。

装束は『花筐』同様、若い狂女の定番、唐織脱下げ姿。右の写真では、扇面《せんめん》といわれる扇の絵柄を散りばめた唐織を着用しています。扇面はよくある柄ですが、やはり班女といえば扇ということになります。手にもつ扇＝中啓《ちゅうけい》も、謡の詞章にある夕顔の花が描かれています。左の写真の能面は、根来寺《ねごろじ》伝来の「若女」。

中啓を懐中した班女の装束は、白地観世水摺箔に紅白段替蝶鳳凰草花唐織。（根来寺能の一葉）

純真な海女には巻水模様の白い水衣

松風の霊（シテ）　**水衣女《みずごろもおんな》　出立《いでたち》**
白地《しろじ》 巻水《まきみず》 水衣《みずごろも》、紅地《べにじ》 花団扇《はなうちわ》 縫箔《ぬいはく》、白地《しろじ》 巻水《まきみず》 摺箔《すりはく》
面……小面《こおもて》　持ち物……中啓《ちゅうけい》　作り物……汐汲車

松風

【まつかぜ】

観阿弥・世阿弥作

旅の途次、須磨の浦を訪れた僧は、とある松の木が在原《ありわらの》中納言行平《ゆきひら》と、松風・村雨姉妹のゆかりの松と聞いて興味を示す。その晩、宿を借りた海士《あま》の塩屋には、二人の若い女性がおり、なんとその松風・村雨の幽霊であるという。かつて寵愛を受けた行平中納言が都へ去った後は、あの松と形見の衣装を眺め暮らし、今も執心が残っていると述べる。そして松風は、形見の衣装をまとい、行平を思慕する舞を舞うのだった。

出立

在原行平が残した形見の装束を抱きしめる汐汲《しおくみ》女・松風の幽霊は、蘆《あし》模様の長絹と女小立《こだて》と呼ばれる烏帽子《えぼし》を手にする(写真下)。各流儀で意匠や呼び名は違うが、この長絹に関しては紫を使うことが多い。

『松風』は特別に重い曲であるので、水衣も通常の無地ではなく、地模様のある生地や刺繍や箔で裾模様を施したものが見られる。水衣は、本来は絓《しけ》・縷《よれ》・縞《しま》の三種類しかなかったが、堅苦しい武家式楽を離れて次第に大名のプライベートな趣味として能が愛された結果、江戸後期から地模様を織り出したものや、さまざまな装飾を施してシテ用にする工夫が現れた。この装束では観世水と呼ばれる巻水の意匠を施す。身分的には卑しい汐汲女ではあるが、そうしたところに曲の位が現れている出立といえる。

演者が一言

「熊野《ゆや》松風に米の飯」と、いつの頃から言われているように、能の代表曲の一つ。但したいへん長い演目で、演技を入れずに詞章だけをすべて謡う「素謡《すうたい》」でも七十分ほどかかる長編です。能にすると百分以上はかかり、しかも一場面物ですからシテを演じるには体力集中力を要します。

所作どころも多く、影のごとく常に連《れん》吟《ぎん》をするツレ(村雨)とともに、前段では須磨の浦の情景を綺麗に謡いあげます。汐汲みの場面では、桶に汐を汲む型や、汐汲車を引く型があります。

中段では、シオリといって泣く仕草をたびたび見せ、行平の形見の衣装と烏帽子を手に持ち、眺め、あるいは打ち捨て、そしてまた抱える(写真右)などの所作があります。ここまでは、紅入《いろいり》腰巻姿に白地の水衣を羽織り、汐汲女の姿です。シテもツレも同装で、白い水衣の色目が乙女の純真さを表すように感じます。

後段では先ほどの形見の衣装を着て、男の烏帽子をつけるので趣が変わります。

行平の形見の長絹と烏帽子をおしいただく松風。

都人を祟らんとする崇徳上皇の霊

崇徳《すとく》上皇の霊（後シテ）　**直衣《のうし》 長袴《ながばかま》 出立《いでたち》**

黒地《くろじ》 輪無唐草《わなしからくさ》 直衣《のうし》、緋長袴《ひのながばかま》、紅地《べにじ》 紗綾形《さやがた》 摺箔《すりはく》

面……三日月（梅若六郎家所蔵）　冠り物……初冠《ういかんむり》　持ち物……笏《しゃく》

松山天狗

【まつやまでんぐ】

作者不詳

四国白峯を訪れた西行法師《さいぎょう》が、讃岐に流され無念の死を遂げた崇徳《すとく》上皇の跡を弔っていると、老人が現れ昔語りをする。老人はかつて上皇の在世中には、白峯に住む天狗の相模坊がたびたび伺候し、お慰めしていたことを語る。西行が一首の歌を手向《たむ》けると老人のようすが変わり、崇徳上皇の霊であると言って姿を消す。

弔いをする西行の前に上皇の霊が現れ、弔いに謝すとともに往年の都の日々を思い舞を舞うが、一転憤怒の形相となり、保元の乱でこの地に配流とされた怨みをそそぐべく、魔道の天狗たちと共に自分を追いやった都人に祟りをなさんとする。上皇の呼びかけに相模坊をはじめ天狗たちが出現し、上皇の霊と共に天空を駆けて飛び去ってゆく。

出立

讃岐の松山で憤死した崇徳上皇の怨霊。「よしや君昔の玉の床とてもかからむ後は何にかはせむ」との西行法師の歌に惹かれて、その姿を現す。

写真は有職故実《ゆうそく》に沿った直衣《のうし》を着ける演出。意匠は「輪無唐草」と呼ばれる平安貴族の有職模様で、近世では位階や家柄に関係なく用いられたところから、現代の神職の装束に多い。なお、能装束の「直衣」と呼ぶ装束は、有職故実で狩衣《かりぎぬ》に襴を付けた「小直衣」に近く、本曲も狩衣を着ける演出もある。

緋の長袴との組み合わせは能のアイデアで特殊な異装。稲妻を思わす着付の赤に金の紗綾《さや》形と相まって、怨霊のおどろおどろしさを演出している。

しかし、『松山天狗』は本来、金剛流でのみ現行されていた曲で、現代でも金剛流では後シテは60頁の『融《とおる》』のような貴人の出立で上演されている。写真の演出は平成六年に観世流で復曲した後の、新しいスタイルである。

演者が一言

有名な崇徳上皇の怨霊話を、能は早い時期に作品化していたようです。観世流では復曲（上演が途絶えていた演目を現代になって復活上演させること）された形で演じられています。

私は若い頃、先代の八世観世銕之亟《てつのじょう》先生がシテをされた時に後見で舞台を拝見して、そのスケールの大きさに感銘を受けました。能楽・神遊《かみあそび》で演ずるにあたり、現九世銕之丞先生や梅若玄祥先生にご指導を仰ぎました。特に装束の、黒地の直衣や、銀色の初冠、笏や面は梅若家より拝借し、今回の撮影と本番に使用させていただきました。その神遊の『松山天狗』の公演は、夏の蠟燭能で、お客様から要望の多かった金曜日夜の国立能楽堂での開催をようやく実現したものでしたが、お客様の数が神遊史上最も少ないものとなり、客席の三分の一も埋まりませんでした。やはり崇徳上皇様の祟りだったのでしょうか……。

その昔、一度だけ香川県白峯を訪れましたが、崇徳上皇の墓所に続く参道の見上げるばかりの階段と、鬱蒼とした林の繁みに怖気づいて、山下から遥拝だけして逃げ出したことがあります。上皇はそんな私の非礼をお赦しくださらなかったものと思われます。

憤怒の姿となり、魔道の天狗を呼び寄せる上皇。

行方知らずの子供をたずね鐘を撞く母

狂女（シテ）　**水衣女《みずごろもおんな》　出立《いでたち》**

薄鼠《うすねずみ》　絓水衣《しけみずごろも》、茶紺段替《ちゃこんだんがわり》　胡蝶《こちょう》　蒲公英《たんぽぽ》　縫箔《ぬいはく》、白浅葱段替《しろあさぎだんがわり》　撫子《なでしこ》　摺箔《すりはく》

面……深井　持ち物……中啓《ちゅうけい》

三井寺【みいでら】

作者不詳

我が子の行方を探す駿河国《するがのくに》の女が、京都清水寺にこもり観音に祈ると、近江国《おうみのくに》三井寺《みいでら》へ行けとの夢のお告げが下る。

時は中秋の名月で、三井寺では最近弟子入りしたという少年を伴って僧侶たちが月見の宴を開いていた。そこへやって来た女は、子供をたずねるあまり狂乱となっている。その狂う様が面白いと境内に引き入れるが、女は時報の鐘の音色を聴いて気持ちが高ぶり、制止を振り切って鐘《しょう》楼《ろう》に登り、鐘を撞き鳴らす。やがて先ほどの少年が狂乱の女を母と気づき、めでたく親子の対面となる。

出立

さらわれた子供を探す途中、三井寺の鐘を鳴らす母。手にもつ紅段は小さな鐘の作り物に比べ大きく、華やかで、鐘を撞く美しい動作を際立たせる。

水衣は能にたいへん広く使われる装束で、両袖を肩上げにするのは作業中のしるし。従来は肩山に糸で留め、下ろすときに後見が切っていたが、近年は装束の傷みを避けるためにホックがつけられて上げ下ろしの便をはかることが多い。

腰巻にした縫箔は二つの装束を切り継ぎにして段替り風の意匠にしたもので、胡蝶の部分は縫いではなく織物。だいたい帯二本分で一領の装束ができるというが、巷間であまり用いなくなった昔の丸帯を再利用した装束も見かける。

演者が一言

二場面物で、前段は京都・清水寺。後段が、大津の三井寺となります。三井寺は正式名称を園城寺《おんじょうじ》といい、この曲のシテの女は駿河の清見寺の鐘の音色を聴き馴染んでいるといいます。曲中に寺の名前が四つも出て、いささか紛らわしいのですが、後段の三井寺の場面では、舞台目付柱前に鐘楼の作り物が出され、鐘を撞く、鐘を見るというシーンで存在感を示します。

装束は子供を探す母親の定番姿で、『桜川』と同じく、腰巻に水衣姿。登場する時には笹を持っています。カラフルな紅段の紐は、鐘を撞く撞木《しゅもく》を打つための綱。面は深井または曲見《しゃくみ》を用います。

世阿弥作の秋の名曲といわれてきましたが、近年の研究で、どうも世阿弥の作ではないらしい……という結果となりつつあるようです。とはいえ、名調子の謡で、シテも地謡も多くの分量があり、上手な謡で鑑賞したい一曲です。

紅段の紐で作り物に釣られた鐘を打つ狂女。

強い柄の装束を大壺折にして力強さを演出

山姥（後シテ）　**厚板《あついた》　壺折《つぼおり》　大口女《おおくちおんな》　出立《いでたち》**
萌葱地《もえぎじ》　亀甲桐雲板《きっこうきりうんばん》　厚板《あついた》、紫地《むらさきじ》　鱗《うろこ》　半切《はんぎれ》、白地《しろじ》　鱗《うろこ》　摺箔《すりはく》
面……山姥　持ち物……桛杖《かせづえ》

山姥【やまんば】

世阿弥作

山姥の山廻りを曲舞《くせまい》に作って謡い、都で人気の遊女・百萬山姥は、善光寺詣でを思い立ち北陸路の旅に出る。越後国と越中国の境川から、上路《あげろ》越《ご》えの険路で善光寺を目指す一行の前に、山中で宿を貸そうと声をかける女が現れる。突然の日暮れに戸惑っていた一行が女の庵にやって来ると、女は山姥の山廻りの曲舞を聴かせてほしいと言い出す。そして自分こそはその山姥であると告げて消え失せる。

遊女が怖れながらも夜通し山姥の曲舞を謡っていると、眼光炯炯《けいけい》たる山姥が現れる。そして山姥とは形相こそ恐ろしげだが、人を喰う鬼ではなく、深い業《ごう》を背負って山を廻り続けている、人を助ける山の精霊であると言い、山廻りの様を見せて姿を消す。

出立

壮大な山廻りの様を旅人に見せる山姥。山姥、というと何やら恐ろしいイメージが浮かぶが、謡曲においては人をとって食う妖怪というより、深山に息づく大自然のエッセンスを集めた精霊、といった趣で表現される。右頁の写真は62頁の『巴』と同じく、表着を「大壺折」にした出立で、腰帯も着付と同じく鱗紋。

表着の厚板は、前作『演目別にみる能装束』『恋重荷』(52頁)で、山科荘司《やましなのしょうじ》の怨霊が袷法被《あわせはっぴ》の下に着付けている装束と同じものである。

神遊で初演した蠟燭能の舞台。(観世能楽堂)

右頁の写真の鬘帯のギザギザは「山道」と呼ばれ、意匠的には強さを表現している模様なので山姥の役どころにはぴったり。現代的なシャープさを感じるが、実は桃山時代に流行した意匠であり、豊臣秀吉の遺品である高台寺《こうだいじ》蒔絵などにもよく見られるデザインである。

演者が一言

茶髪の山姥鬘に、鱗模様などの強い柄の入った装束を、半切・大壺折の姿で着付け、専用面の山姥をかけます。たいへん強々しい姿ですが、女の鬼ともいわれるゆえ、構えや運びに留意する必要があります。前シテの山に棲む中年女性の底深い謡の力強さ。後シテの山姥姿で枠杖《かせづえ》を持ち、壮大な世界観を謡い舞う強さ、大きさ。演じるには横溢したエネルギーが不可欠で、至難の演目です。

山姥鬘ではなく、白頭《しろがしら》に山姥の面をかける小書《こがき》の姿も良い姿です。上の写真は、私が神遊《かみあそび》で初演した時のもの。渋谷・松濤《しょうとう》の観世能楽堂での蠟燭能の模様です。観世能楽堂も銀座に移転してしまうので、感慨深い写真です。

最も品格のある豪華な装束

楊貴妃の霊（シテ）**唐織《からおり》 壺折《つぼおり》 大口女《おおくちおんな》 出立《いでたち》**
金地《きんじ》 霞桜鳳凰《かすみさくらほうおう》 唐織《からおり》、紅地《べにじ》 花入七宝《はないりしっぽう》 紋大口《もんおおくち》、白地《しろじ》 七宝繋《しっぽうつなぎ》 摺箔《すりはく》
面……増女《ぞうおんな》 冠り物……天冠 持ち物……唐団扇《とううちわ》

楊貴妃【ようきひ】

金春禅竹作

唐の玄宗皇帝は、非業の死を遂げた寵姫《ちょうき》・楊貴妃を忘れられず、死後の世界にいるはずの貴妃の魂の在り処を訪ねさせる。命を受けた方士《ほうし》と呼ばれる霊能者は、探しに探してようやく蓬萊宮で楊貴妃の魂と出会う。貴妃は今も変わらぬ帝の思いに感謝をし、七夕の夜に共に誓った言葉を伝え、思慕の舞を舞う。やがて時移り、形見のかんざしを持った方士が現世へ帰ってゆくのを、貴妃は涙ながらに見送る。

出立

仙界で玄宗皇帝との愛をなつかしむ楊貴妃の霊。絶世の美女にふさわしく、数ある能の中でも最も品格のある豪華な姿で現れる、まさに目のお正月といった風情。

表着の唐織は金箔糸をふんだんに織り交ぜた霞の地模様に、枝垂桜の間を乱れ飛ぶ鳳凰が遊ぶ。また、鬘帯、腰帯には絹地に直接金箔を押して刺繍を施す「胴《どう》箔地《はくじ》」と呼ばれる技法が使われ、麗しい仙女の輝きが着付や袴、腰帯に見える七宝紋によって具象化されている。

手に持つのは中国人の象徴である「唐団扇」。なお装束の用語として、この大口のように紋様を配した大口を「紋大口」といって別に分類する。意匠としては半切とほぼ同じで見分けが難しいが、大口と同じく後ろ身頃を畝織《うねおり》に仕立てている点で区別がつく。

演者が一言

現在進行形で絢爛豪華なようすを描くのではなく、死後の魂を訪ねる設定がいかにも、能らしい世界観といえます。白楽天の長恨歌《ちょうごんか》を踏まえているので、当然の展開であるわけですが、この世ならぬ世界から、死者が過去を回想するという形式が無理なく作り出されています。

唐織も鳳凰柄や、金地など楊貴妃のイメージにふさわしいものを用いたいところです。その唐織を、貴婦人の姿を表すのに用いられる、大口に小壺折に着せて、仙女を示す天冠を頭上に載せます。『猩々』や『山姥』では大壺折、この『楊貴妃』や『江口』では小壺折。その違いは唐織を留める紐の位置で、胸高につけて胸元の開きを小さくするのが小壺折、紐の位置を下げて胸の開きを大きくとっているのが大壺折で、曲線ラインが壺の形になるのでこのように呼んでいます。

手には中啓《ちゅうけい》＝扇を持つのが本来ですが、中国風を強調するために唐団扇を持つことも多く、面《おもて》は若女や増女の類いをかけます。左の舞台写真では孫次郎をかけてみました。宮殿を表す小宮の作り物には、複数の鬘帯を垂らし、九華《きゅうか》の帳《ちょう》と呼ばれる美しいとばりをイメージさせています。これは「臺留《うてなとめ》」の小書《こがき》仕様ですが、元来は宝生流の「玉簾《たますだれ》」という小書の仕様のようで、近年では観世流でもしばしば使う演出となっています。

鬘帯を垂らした小宮の作り物の中に居る楊貴妃の面は孫次郎。

心優しい盲目の青年、腰帯に注目

俊徳丸（後シテ）**水衣《みずごろも》 着流《きながし》 出立《いでたち》**
浅葱《あさぎ》 唐草《からくさ》 水衣《みずごろも》、紺地《こんじ》 松藤《まつふじ》 縫箔《ぬいはく》
面……弱法師　冠り物……黒頭《くろがしら》　持ち物……中啓《ちゅうけい》、杖

弱法師【よろぼし】

世阿弥・観世元雅共作

河内国の豪族・高安通俊《たかやすみちとし》は、ある人からの讒言《ざんげん》を聞き入れ、息子の俊徳丸を追放してしまったが、そのことを悔やみ、天王寺で七日間、貧民に施しを行うことになった。そこへ盲いた乞食の青年・弱法師《よろぼし》が現れ、梅の香を愛でながら、四天王寺の縁起を語って聴かせる。乞食にしては風流で教養もある弱法師をよくよく見ると、なんと通俊が追い出した我が子俊徳丸の成れの果てであった。見えない眼で懸命に難波の浦の美しい眺望を語り、興に乗って杖を突きながら舞う弱法師。その後父子は対面し、ふたりで故郷へ帰ってゆく。

台東蠟燭能における『弱法師』の舞台。(浅草公会堂)

出立

父に捨てられ、四天王寺をさまよう盲目の弱法師。

水衣の下の縫箔は松に藤。松に藤の花がからむ姿は絵画などで古くからよく見られるが、日本美術の表象では松が男性、藤が女性を表現するとされる。

糸巻のように見える腰帯の刺繍は「唐《から》独楽《ごま》」である。天地をふさいだ竹筒製で側面に細長い穴が空いており、回すと音が出る「鳴りゴマ」の一種で、その由縁について喜正氏の話では祖父から決まりだと言われた由。四天王寺といえば聖徳太子ゆかりの御寺、開祖はその家来・秦《はたの》河勝《かわかつ》と自称している金春《こんぱる》流の重鎮に聞いても心当たりなしという。唐独楽に「空鐘」という漢字をあてることもあり、漢籍の工芸辞典では「陀羅」とあるので仏教的な匂いも感じるが……。

演者が一言

世阿弥の息子・十郎元雅と世阿弥の共作とされる作品。世阿弥本といわれる原作はもっと登場人物も多いのですが、江戸中期に復曲されたとみられる現行の台本では、俊徳丸と通俊のふたりのやり取りで曲が進行していきます。

親に追放された悲しみの涙が積もり盲目となった、心優しい青年らしい風情を漂わせる弱法師は、盲目役ゆえ、杖の扱いが難しいのも本曲の特徴です。

面は専用面の弱法師。頭は黒頭《くろがしら》または馬毛《ばす》頭を使います。乞食役ではありながら特に小汚いなりをするわけではなく、縫箔を着流しで着け、水衣を羽織ります。腰帯は独楽の模様を用いています。祖父の二世・喜之は「なぜ、独楽の模様なのか?」と聞かれると、「天王寺の門前で独楽回しをやっていたのだろう」と答えるのが口癖だったといいますが、真偽のほどはわかりません。

雷神となって怒り狂う道真の怨霊

道真の怨霊（雷神）（後シテ）　**法被《はっぴ》 半切《はんぎれ》 出立《いでたち》**
紺地《こんじ》 山道《やまみち》 雷雲《らいうん》 袷法被《あわせはっぴ》、紅地《べにじ》 紗綾形《さやがた》 輪宝《りんぽう》 半切《はんぎれ》、
紅萌葱段替《べにもえぎだんがわり》 紗綾形《さやがた》 龍ノ丸《りゅうのまる》 厚板《あついた》
面……顰《しかみ》　冠り物……赤頭　持ち物……打杖

雷電【らいでん】

作者不詳

比叡山延暦寺の座主・法性坊律師僧正が祈りを捧げていると、深夜に訪れる者がある。姿を見ると筑紫の地で亡くなった丞相《しょうじょう》・菅原道真の霊であった。恩師である僧正の前に姿を現した道真は昔語りをして、師匠の恩に感謝する。しかし、自分を大臣の座から追い落とし、筑紫に左遷した朝廷内の者たちへは、自ら雷となって恨みをすすぐと述べる。諭す僧正に怒りを爆発させた道真は、いったん姿を消してしまう。

その後、内裏《だいり》では雷が落ち大混乱となる。呼び出された僧正が祈禱を始めると恐ろしい雷神の形相となった道真が現れ、そこかしこの御殿に落雷するが、僧正が祈禱をする所には近寄れず、雷神対僧正の戦いが続く。あまりのことに、帝が道真に対して、天満天神の神号と贈官を下されると、ようやく雷神の怒りもおさまり黒雲に乗って天空を去って行く。

出立

雷神となって内裏を暴れまわる菅原道真の怨霊。雷を表す金の切り紙を頭《かしら》につけるのが特徴。

『土蜘蛛』の妖怪（56頁）や『大江山』の後シテ鬼神（28頁）と同じく、袷法被《あわせはっぴ》に厚板・半切の荒々しい役どころが装束にも現れている。

ただし、宝生《ほうしょう》流では本曲は『来殿』と改題され、後段は60頁の『融』のような貴人の出立に変わり、天神の位を得た喜びを舞う曲に直されている。これは江戸期に宝生流の大パトロンであった加賀藩前田家が、始祖を菅原道真としているところから、写真のような荒ぶる鬼神の演出を改めたからである。

演者が一言

物語の中に天神様が出てくる能はいくつもありますが、この曲では怨霊＝鳴る雷《かみ》となった道真がじかに登場します。後段では舞台上に下駄の歯状に置かれた一畳台二枚を、内裏の御殿に見立て、その上に飛び乗り踏み鳴らしながら、落雷する有様を見せるというとても写実的な演出が見どころです。

雷神の姿も法被・半切に赤頭、顰《しかみ》系統の鬼の面をつけ、赤頭からは稲妻状の金の飾りを垂らし、打杖を持って暴れまわります。学者・菅原道真のイメージと正反対の邪悪な雷神姿が印象的です。近年では替装束の小書《こがき》をつけて、前段では水衣の着流ではなく指貫《さしぬき》姿で貴族らしさを見せ、後段では法被ではなく、狩衣《かりぎぬ》を衣《え》紋《もん》付けに着たりして、より強さ大きさを表現することも行われています。

面も金泥の獅子口や雷神を用いるなど工夫されます。

鑑賞「鬘帯《かづらおび》」のいろいろ

鬘帯とは

女性役の鬘の上に締めて留める帯を「鬘帯」といい、「葛帯」と書いたり、「かつらおび」と読んだりします。幅約三センチ、長さは二メートルくらいの裂地《きれじ》で、装束を着け終えたら、鬘帯の真ん中を額にあてて、後頭部で結んで、背に長く垂らします。そのため、頭に巻かれる部分と、後ろに垂れる両端の三カ所に模様が配され、それをつなぐ部分は「合引《あいびき》」と呼ばれます。額につく部分の面《おもて》に隠れるところには、汗などから保護するために白い紙を巻きます。

鬘帯は、本来なら面の上につけるべきものですが、能では面の美しさを優先して、面の下につけるようになりました。しかし、現在も山形県で行われている「黒川能」では能面をかけ、鬘をつけた上に鬘帯を締めるという、古態をのこしています。

写真1

写真2

鬘帯の種類

鬘帯にはさまざまな模様がありますが、女性の装束と同じく、紅入《いろいり》と無紅《いろなし》に大別されます。模様は縫いで表されるのが普通ですが、ほかに、装束の「摺箔《すりはく》」と同様に、接着剤をひいた裂に金箔を貼って刺繍をほどこした「胴箔《どうはく》」や、▲で構成された「鱗紋《うろこもん》鬘帯」があります。

金地や胴箔はシテ、紅入はツレ、無紅は老女や狂女の役、鱗紋は生霊《いきりょう》や鬼女などに用いられます。

三カ所に現れる模様は、つけた時に正しい向きになるように配されます。たとえば、鱗紋は▲が上を向くように置かれています（写真1）。写真2の三つの鱗紋鬘帯は、上から「胴箔色替《どうはくいろがわり》鱗紋」「無紅色替《いろなしいろがわり》鱗紋」「金地黒鱗紋」で、中央の鬘帯は合引も無紅になっています。これらは演目によって使い分けられ、たとえば『安達原』は無紅、『道成寺』は色替にしないといった約束があります。

古い鬘帯を新調する

鬘帯も古くから受け継がれていますが、写しを新調して、古いものは大切に保存することも行われます。その三例をご紹介します。

（写真右から）
胴箔《どうはく》　鳳凰《ほうおう》枝垂《しだれ》桜紋《ざくらもん》鬘帯（旧）
金地《きんじ》　鳳凰《ほうおう》枝垂《しだれ》桜紋《ざくらもん》鬘帯（新）
胴箔《どうはく》　雷紋《いかずちもん》鬘帯（旧）
金地《きんじ》　稲妻紋《いなずまもん》鬘帯（新・平成五年作）
花色地《はないろじ》　麻《あさ》の葉紋《はもん》鬘帯（旧）
花色地《はないろじ》　麻《あさ》の葉紋《はもん》鬘帯（新）

※鬘帯の名称は畳紙の上書きに準じました。

シテには胴箔や金地

金箔を貼った上に刺繍をほどこしたものが「胴箔」ですが、古いものはすでに金が剥落してしまっています。現在は、金糸で織った地に刺繍で模様を表すことが多くなっています。

（右から）
胴箔《どうはく》 菊菱紋《きくひしもん》鬘帯
金地《きんじ》 七宝繋《しっぽうつなぎ》鬘帯
金地《きんじ》 丸紋尽《まるもんづくし》鬘帯
金地《きんじ》 桐唐草紋《きりからくさもん》鬘帯

老け役には無紅鬘帯

赤系の色を使わない地味な鬘帯は、中年から老年の女性、あるいは狂女の役に用いられます。無紅でも刺繍の色や模様のつけ方によって、かもしだされる雰囲気が変わることがおわかりいただけると思います。

(右から)
紺地《こんじ》　七宝《しっぽう》琴柱《ことじ》紋《もん》鬘帯
無紅《いろなし》　雪輪《ゆきわ》小柳《こやなぎ》紋《もん》鬘帯
無紅《いろなし》　菖蒲《あやめ》藤《ふじ》紋《もん》鬘帯
無紅《いろなし》　三段《さんだん》楓《かえで》花《はな》紋《もん》鬘帯
鶯色《うぐいすいろ》地　竹紋鬘帯

ツレには赤地の鬘帯

紅入のなかでも、赤地はツレの女性に用いられるのが一般的です。また模様は、木の葉などの吹き寄せや、丸紋のように、ひとつの植物に限定されず汎用性のある柄が定番となっています。

（右から）
赤地《あかじ》　吹寄紋《ふきよせもん》鬘帯
赤地《あかじ》　露芝箔《つゆしばはく》稲穂《いなほ》雀《すずめ》鬘帯
赤地《あかじ》　露芝箔藤紋《つゆしばはくふじもん》鬘帯

白地系の無紅鬘帯

中国風の花瓶と花を描いた右端の鬘帯は、『鶴亀』の皇帝役などで、冠に巻いて用いられます。一方、隣の小葵紋は、平安時代の有職文様にもある古典的な柄です。

（右から）
茶地《ちゃじ》　中国紋鬘帯
白地《しろじ》　小葵紋《こあおいもん》鬘帯
白地《しろじ》　沢瀉紋《おもだかもん》鬘帯
銀地《ぎんじ》　稲妻《いなずま》輪《わ》繋紋《つなぎもん》鬘帯

名品拝見

観世九皐会の翁狩衣から

能の演出の一つに、男神や皇帝、大天狗など、威儀を正す立派な役どころを裏地のついた「袷狩衣《あわせかりぎぬ》」で表しますが、なかでも『翁《おきな》（三番叟《さんばそう》・式三番）』では特別に「翁狩衣」という袷狩衣を着けます。自らが神の依代《よりしろ》となる『翁』は新年の初能や、流儀と関わりの深い寺社の重要な行事にかかせない神事能で、演者は上演まで一定の精進潔斎を経て臨む強いしきたりがあります。たとえば、家族の食事と煮炊きを別にする「別《べっ》火《か》」などがそれで、「能であって能でない」ともいわれます。

前作『演目別にみる能装束』の『翁』の項目（19頁）でも述べましたが、かつて中国大陸の蜀《しょく》の河口が織物の名産地であったところから、そのような高級舶載品の織物を蜀の河口の錦（あるいは蜀の紅の錦）という意味で「蜀江《しょっこう》」、翁専用の狩衣を「蜀江狩衣」と呼びます。もっともポピュラーな意匠は青系の錦で八角形を□で繋いだ織物ですが、他にも純日本製のものから珍しい錦を用いたものまでバリエーションがあります。

左の写真の茶色い翁狩衣は一見たいへん地味な雰囲気ですが、恐るるなかれ、代々、江戸時代の加賀百万石の宿老・年寄を輩出した加賀八家《はっか》の一つ、横山家の伝世品です。家来といってもほとんど前田家と縁戚関係で、「加賀藩にはお殿様が九人いる」といわれたほど重臣中の重臣。他藩の大名並み、否、それ以上の財力をもったこれらの家々は、やはり能好きなお殿様に似ていたのでしょう。立派な能舞台がありました。明治になり、横山家は金沢の近代産業に貢献した功で男爵に叙せられましたが、能登国に所縁のある荏原《えばら》製作所の創始者、畠山一清（即翁・一八八一～一九七一）が私邸「般若苑」に、この横山家の能舞台を移築したことは広く知られています。残念ながら現在は取り壊されてしまいましたが、私の父はこの般若苑での催しを覚えており、ご年輩の方には懐かしくゆかしい情景かもしれません。

この装束がいつごろ矢来能楽堂へやってきたかは定かでない由ですが、間近で拝見しますと非常にしなやかな美しい絹織物であることが分かります。独特のややふっくらとした織りの風合いと、複雑で精緻な意匠から日本製ではなく中国製と思われます。仕立ては幕末のようすですが、生地本来の時代は清朝《しんちょう》初期、あるいは明時代まで遡るかもしれません。濃淡に染め分けた茶色の綾織で、翁狩衣は金糸を用いないのが普通ですが、色の薄い部分は写真に撮ると金糸に見まごうほど光沢があります。深みのある藍色が幾何学的な意匠を引き締めており、よく見ると四弁の花を囲った八角形の連続模様もちゃんとあって、翁狩衣らしい意匠の雰囲気も感じます。

特筆すべきは、見た目の重厚さに比して重量がとても軽いこと。これは当時の蚕の品種が小さく、糸が細かったためです。翁狩衣は能装束の中でも最大級の大きさ、普通の袷狩衣よりも大きく立派であるのが普通です。両袖の裄《ゆき》を合わせると二メートルを超えるものもあり、この写真のように両手両袖を広げた型を長時間キープするのは重くて大変だ！と、漏れ聞きました。

また、写真の出立では白の指貫《さしぬき》を着けていますが、神道では白（あるいは黄）の狩衣と同じ系統の表着と指貫の組み合わせを「浄衣《じょうえ》」と呼んで、潔斎の装束として神事に用います。能楽研究者の天野文雄氏は『翁猿楽研究』（和泉書院・一九九五年）に、『翁』がもともと呪師の芸能であった可能性を示唆されていて、古くは室町末期ごろの記録で住吉大社の田植え神事に出仕した猿楽（能楽の源流）の座の記録にも「長老の装束は白の浄衣、翁も同装束」とあることを紹介しています。白の指貫との組み合わせは昨年初めて試みられた由ですが、このような白の指貫こそ本来の翁の伝統を踏まえているといえるでしょう。古代より続く神道の伝統と能楽との融合は、変わることのない美しい祈りの姿として私たちの未来を寿いでいるようです。

（正田夏子）

平成 26 年 1 月　『翁』観世喜之　矢来能楽堂

能装束を守り伝えるために

能楽堂の年中行事「虫干し」

実際に能の舞台をご覧になって、難しいな、退屈かもしれない、「これっていつ終わるの？」と思った方は少なくないでしょう。実は、かつて私もそうでした。

それでも、とにかく「衣装が綺麗だった」と感じられた方は少なくないはずです。まるで神社のように簡素な白木の舞台、背景は松の絵だけ、セットもなければお囃子の伴奏も四種のみ。そんな象徴の美をモットーとする能の世界において、能装束の豪華さは知れば知るほど異質に感じるほどです。

また、能面や能装束は美術品としても国内外に認められていますから、日本の美術館や博物館で、あるいは外国の美術館の展示で、やたらとゴージャスな日本の着物として、初めて見られた方もいらっしゃるかもしれません。実は、私がそうでした。

そんな美しい装束を、ガラス越しでなく直《じか》に拝見できるチャンスが、夏に能楽堂で行われる「虫干し」です。

古くより、日本の寺社には「曝涼《ばくりょう》」あるいは「虫払い」「風干し」などと呼ばれる年中行事がありました。曝涼の歴史は古く、中国の『後漢《ごかん》書《じょ》』にも、五世紀に曝涼を行った記事が出てきます。ことに湿度の高い国土で虫やカビによる被害を防ぐために、貴重な書籍や衣類、宝物を取り出して風をあて、点検を兼ねて一日一回のペースで行います。正式には年二回、梅雨明けや秋の晴れた日に行われていたようです。奈良では近代になってから毎年秋に正倉院展を開催していますが、当初は曝涼期間中に限られた人々に皇室の什宝を公開したのがきっかけでした。延暦六年（七八八）六月二十六日の『正倉院日誌』にはすでに曝涼の記録がみえ、その後、朝廷において七月七日の年中行事として定まっていく様子が平安時代後期の有職故実書『江家次第《ごうけしだい》』にうかがえます。

その行事を受け継ぎ、各地の能楽堂でも曝涼（虫干し）が行われていますが、なかでも有名なものは京都の金剛能楽堂でしょう。ことに古都では歴史的に、寺社の虫干しによる貴重な宝物の拝観が人々の目の楽しみでもありました。私が感じる限り、関東よりも積極的に公開されているようにすら思えます。古いものを大切にする心持ちや、文化財に対する親しみと感覚の豊かさは、こんな毎年のことからうまれるのかもしれません。

一昨年惜しくも帰天された金剛流シテ方の廣田陛一《ひろたのりかず》師による解説の名調子……。涼やかな上布《じょうふ》をまとった能楽師の方々、書生さんらがサラサラと夏袴の衣擦《きぬず》れの音をたてながら見所《けんしょ》（以前の金剛能楽堂は木造で、椅子でなくお座敷でした）の中を甲斐甲斐しく立ち働く姿は、これぞ京都の夏という美しい風情があり、若い私の感性を大いに刺激したものでした。

貝原益軒（一六三〇〜一七一四）の『日本歳時記』夏の巻の六月には曝書（書籍の虫干し）について記されており、梅雨晴れの後に書を日に曝《さら》すこと。天気が良くても一日に一度だけ。朝に曝して午の刻（十二時

〜十四時）には取り込むことなどなど、じつにこまやかな指示がされています。現代の虫干しもその手順とほぼ変わりありません。ですから、能楽堂の虫干しも、昼ごはんを食べてからのんびり出かけると拝見できないことがあります。また、かならずしも公開している能楽堂ばかりではないので、あらかじめ先方へお問い合わせすることは必須です。さらに、舞台へ上がって拝見させていただく場合は白足袋を履くことが決まりですので、持参することも忘れてはなりません。お写真やビデオも（お気持ちは分かるのですが）きちんと許可を得る必要があります。

こうして全国の虫干しを見学してまわるのは、何年もかかりますが、美術館や博物館の調査にはない、現代に生きる芸能との関わりを深く感じさせるものです。

ここ矢来能楽堂ではだいたい七月下旬から八月上旬の四日間ほど、能面・装束類・小道具の虫干しと点検、修理を行っておられます。もちろん、装束は毎回の演能が終わるごとに広げて汗を取り、傷んだ箇所の修繕も折々に行うのですが、虫干しはその大規模な点検作業といえましょう。

舞台裏では書生さんや奥様方による修繕部隊が活躍します。まず能舞台の中心に太い竹竿を立て、四方の柱、また橋掛かりの上に綱を張り、その上に装束を掛け並べます。お装束を包んでいる畳紙《たとう》も湿気をとるため、舞台に引き並べられます。舞台の上はまるで能装束の海のよう！壮観でしょう？「いったい何領あるの？」と、聞いてみたくなりますね（能装束は鎧のように一領、二領と数えます）。

もちろん私のような染織の研究者にとってはたまらない、垂涎の風景なのですが、能楽師の方々もこうした機会に直接拝見して、自分があのお役を勤めるときには是非このお装束を…などと、わが身に引き比べて考えるそうです。また、新しいお装束を作る参考にと、他所の能楽堂の虫干しに訪れるプロの方も時おりお見受けします。

また、取り込むときに畳紙と装束を間違えてしまうとあとで大問題になるので、しまうときには緊張を要します。以前、東京青山の某会で「○○地〜　△に□□模様〜　××唐織！」などと師匠がカルタ取りよろしく舞台から朗々と畳紙に書かれた装束名を読み上げ、能楽師の方々がお装束を一斉に取りに走る、という取り込み風景を見たことがあります。

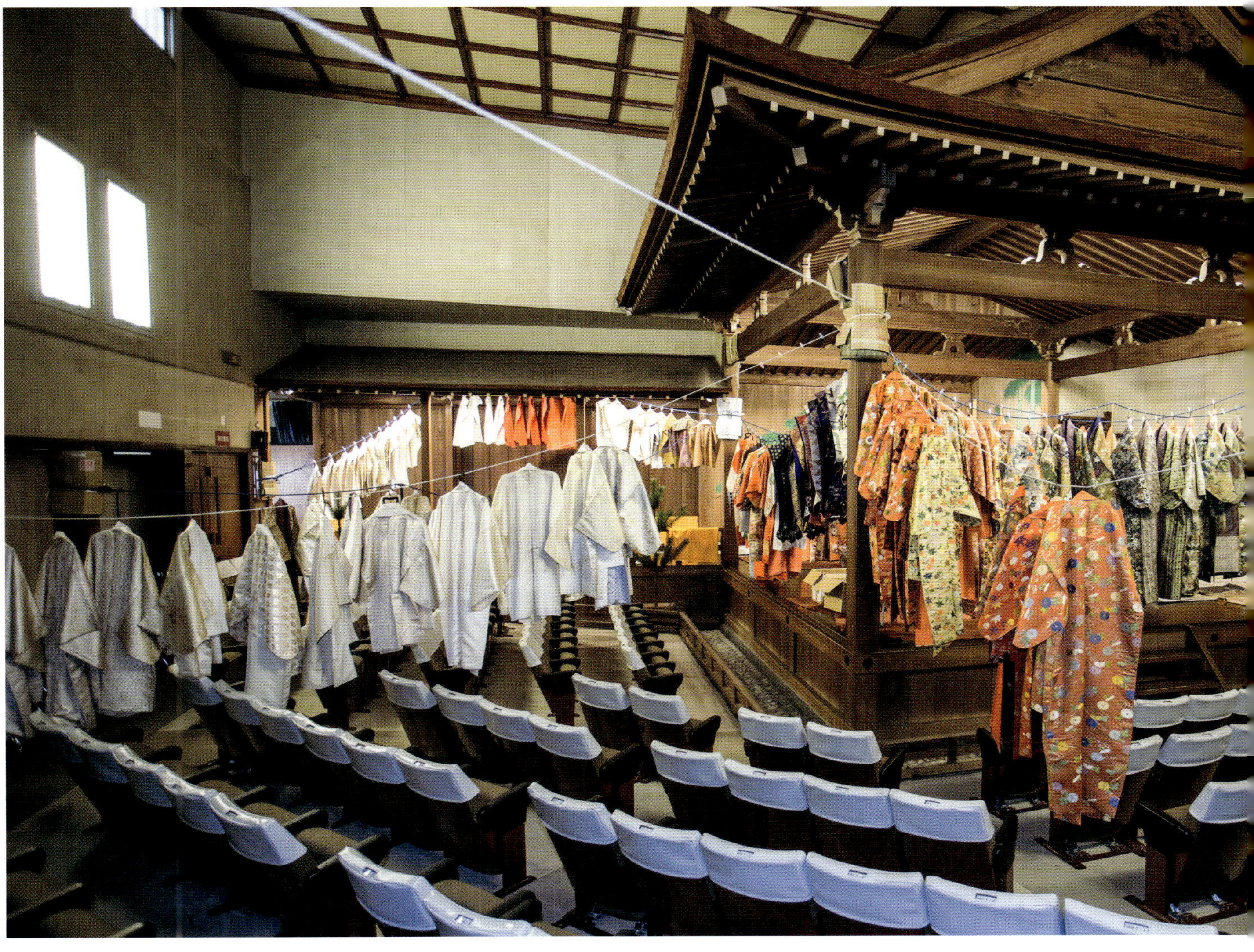

矢来能楽堂で毎年行われている虫干しのようす。

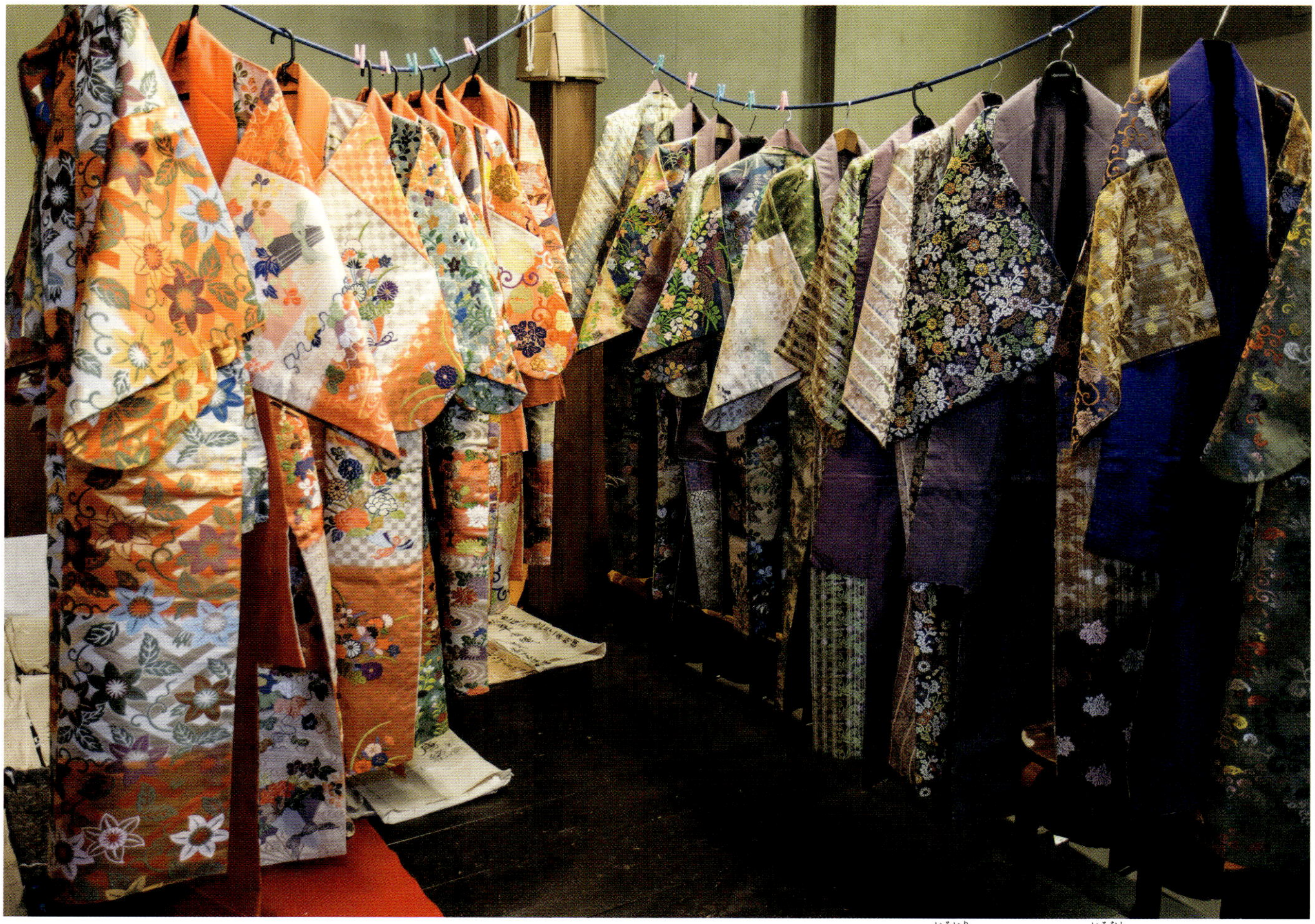

ワキ柱に向かって左側に紅入《いろいり》の唐織、右側に無紅《いろなし》の唐織が干されている。

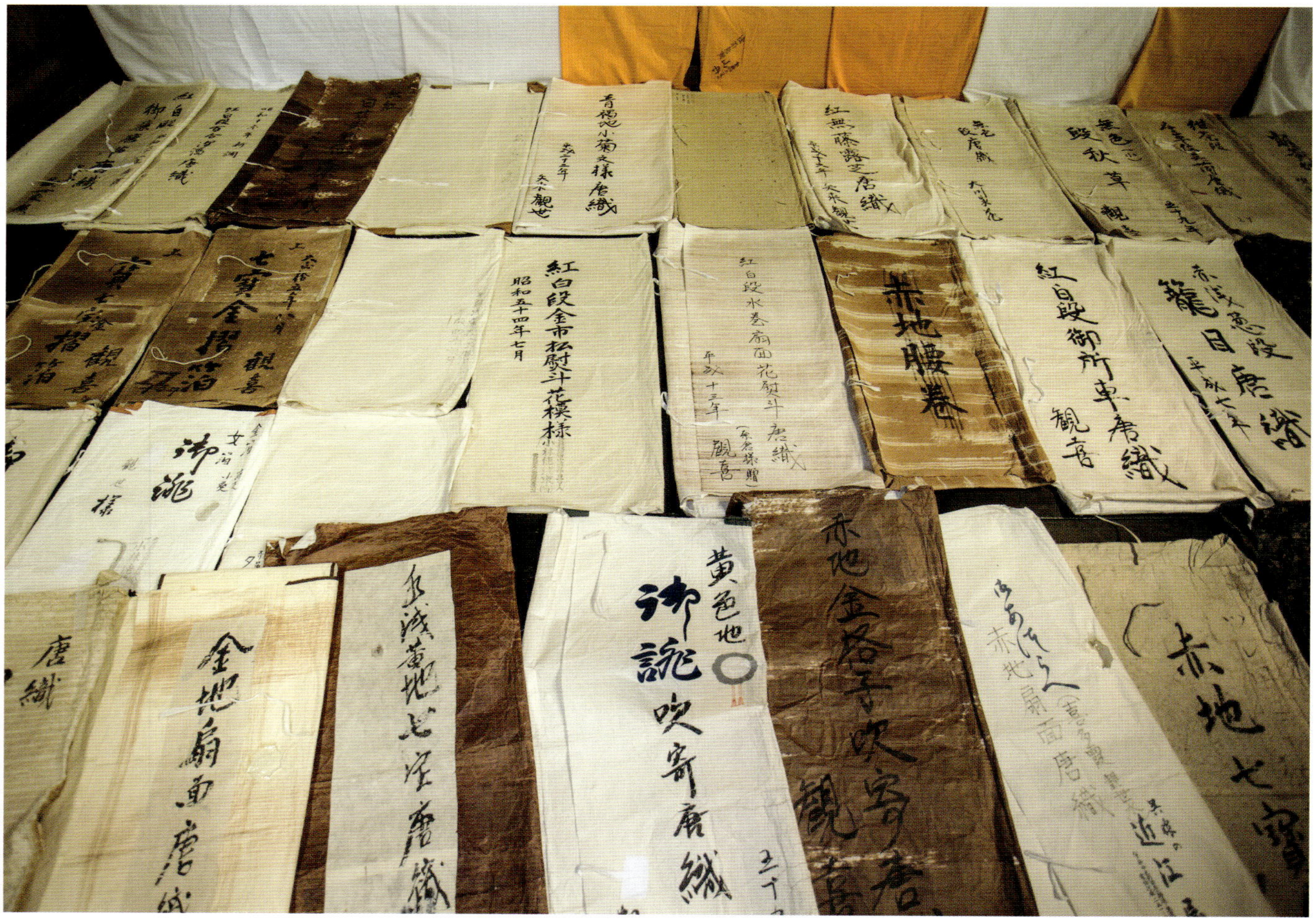

装束を収納している畳紙もきちんと並べて風をあて、その日のうちにしまわれる。

間違った装束を持ってきて、「模様の名前もわからんのか！」と怒られたり、正解はどっち？ と二人がにらみ合ったり、見ているぶんには何やら楽しそうな風景でしたが、これらすべてが能楽師の修業なのでしょうね。

さて、私が矢来能楽堂の虫干しでもっとも印象的だったのは、絽《ろ》でできた小さな茶色い裃《かみしも》の肩衣です。地味ながら、白抜きで葵の御紋がついているところから、ただならぬ格式がうかがえます。

喜正さんのお話では、実際に着用したものではなく、目録がわりとして信州松本藩の戸田松平家から拝領した御品とのこと。武家の裃には加賀藩前田家は菊菱紋、極鮫《ごくさめ》紋は紀州徳川家というように御家の柄がありましたから、これで松本藩の「角通し」の小紋であれば完璧だったのですが……。また、こうした極少の小紋を区別する「江戸小紋」という呼び方は昭和になってからの命名ですが、あらたまった舞台で能楽師が着ける裃の意匠もそんな武家式楽の伝統を踏んでいるのです。

肩衣が目録がわりとはちょっと不思議な感じがしますが、能には室町時代より貴人が自らの装束を脱いで褒美に授ける「小袖脱ぎ」という風習がありました。能装束はもともとこのような被《かつ》け物から発展していったのです。演者に肩衣を与える風習もその伝統を踏襲したもので、かつて新年の江戸城での謡初《うたいぞ》めではまず将軍が観世太夫に肩衣を与えると、続いて並み居る大名諸侯が競うように裃の上を脱いで投げかけ、後に報酬と交換するという恒例行事がありました。

というわけで、この茶色の肩衣を戸田松平家へ持っていくとご褒美がいただけるらしいのです。ご当主の観世喜之師によれば、お小さいころにお父様のお供で東京・豊島区の目白のお屋敷へお稽古にうかがったとのこと。また、書生時代、お使いに上がると戸田様が下さる破格のお駄賃が楽しみだったとのおシテの方の話もお聞きしました。

私事で恐縮ですが、実は正田の祖母の実家が信州松本藩藩士の家柄で、今でも当代は戸田家のご近所に住んでいます。二〇一一年に一〇四歳で他界した祖母の話によれば、母親（私の曾祖母）が若い時分に観世九皐会のお弟子だったとのこと。前作の『演目別にみる能装束』をプレゼントしたところ、大変懐かしい、不思議なことがあるものね、といっていました。戦前といったって「日露戦争」前のお話、九皐会と百年前からの御縁があったとは驚きですが、この話を報告したときに喜正さんがたいして驚かなかったことも驚きでした。伝統芸能とはとんと無関係で、お廊下もない家に育った私の能好きは曾祖母からの隔世遺伝。なんと、ルーツはこの裃にあったのだ！というお話でした。

（正田夏子）

『演目別にみる能装束』『演目別にみる能装束Ⅱ』の演目と出立・能面一覧

『演目別にみる能装束』『同 Ⅱ』で取り上げた演目の出立と能面を、五十音順に一覧しました。前作『演目別にみる能装束』の出立名については、今回の出立表記にあわせて補足した箇所があります。

演目（五十音順）	演目の読み	小書	出立	能面	能面の読み	巻	写真頁
葵上	あおいのうえ	空之祈	壺折女出立	泥眼	でいがん		46
阿漕	あこぎ		水衣着流痩男出立	河津	かわず		64
安宅	あたか		山伏出立				24
安達原（黒塚）	あだちがはら	白頭	般若出立（厚板脱下出立）	般若	はんにゃ		68
安達原（黒塚）	あだちがはら		裳着胴腰巻出立	般若	はんにゃ	Ⅱ	24
海士	あま		龍女出立（舞衣出立）	泥眼	でいがん		74
碇潜	いかりかづき		裳着胴半切出立	怪士	あやかし	Ⅱ	26
井筒	いづつ		初冠長絹女出立	小面	こおもて		34
鵜飼	うかい	真如之月	小癋見出立（裳着胴半切出立）	黒癋見	くろべしみ		58
大江山	おおえやま		法被半切出立	顰	しかみ	Ⅱ	28
翁	おきな		翁出立	白式尉	はくしきじょう		18
景清	かげきよ		水衣大口出立	景清	かげきよ	Ⅱ	30
葛城	かづらき	大和舞	壺折腰巻女出立	曲見	しゃくみ		44
邯鄲	かんたん		黒頭厚板法被半切出立	邯鄲男	かんたんおとこ		26
鉄輪	かなわ		鉄輪女出立（腰巻女出立）	橋姫	はしひめ		48
菊慈童（枕慈童）	きくじどう		法被半切脱下出立	童子	どうじ	Ⅱ	32
木曾	きそ		僧兵出立			Ⅱ	34

砧	きぬた		唐織脱下女無紅出立	曲見	しゃくみ		32
清経	きよつね		修羅物(負修羅)出立(長絹半切出立)	中将	ちゅうじょう		20
鞍馬天狗	くらまてんぐ		天狗出立(袷狩衣半切出立)	大癋見	おおべしみ		54
鞍馬天狗	くらまてんぐ	白頭	袷狩衣半切出立	癋見悪尉	べしみあくじょう	Ⅱ	36
恋重荷	こいのおもに		法被半切悪尉出立	鼻瘤悪尉	はなこぶあくじょう		52
小鍛冶	こかじ		法被半切肩上出立	小飛出	ことびで	Ⅱ	41
小鍛冶	こかじ	黒頭	裳着胴半切出立	牙飛出	きばとびで	Ⅱ	38
小鍛冶	こかじ	喜多流白頭	小飛出出立(法被半切脱下出立)	泥小飛出	でいことびで		56
小鍛冶	こかじ	喜多流白頭	法被半切脱下出立	泥小飛出	でいことびで	Ⅱ	40
桜川	さくらがわ		水衣女出立	曲見	しゃくみ	Ⅱ	42
石橋	しゃっきょう	大獅子	法被半切肩上出立	獅子口	ししぐち	Ⅱ	6~18
俊寛(鬼界島)	しゅんかん		俊寛出立(水衣着流出立)	俊寛	しゅんかん		62
猩々	しょうじょう	猩々乱	唐織壺折大口出立	猩々	しょうじょう	Ⅱ	44
隅田川(角田川)	すみだがわ		水衣女出立	深井	ふかい		42
千手	せんじゅ		裳着胴指貫出立(ツレ)			Ⅱ	46
			唐織着流女出立(シテ)	若女	わかおんな	Ⅱ	47
卒都婆小町	そとばこまち		長絹着流女出立	姥	うば	Ⅱ	50
大般若	だいはんにゃ		龍神出立	真蛇	しんじゃ		76
高砂	たかさご		袷狩衣大口出立	邯鄲男	かんたんおとこ	Ⅱ	52
龍田	たつた		長絹大口女出立	増女	ぞうおんな	Ⅱ	54
玉井	たまのい		龍神出立(袷狩衣半切出立)	鼻瘤悪尉	はなこぶあくじょう		72
張良	ちょうりょう		唐帽子狩衣半切出立	茗荷悪尉	みょうがあくじょう		50
土蜘蛛	つちぐも		法被半切肩上出立	顰	しかみ	Ⅱ	56
天鼓	てんこ		法被半切脱下出立	童子	どうじ	Ⅱ	58

融	とおる		単狩衣指貫出立	中将	ちゅうじょう	Ⅱ	60
巴	ともえ		唐織壺折大口女出立	増女	ぞうおんな	Ⅱ	62
鵺	ぬえ		水衣着流怪士出立	怪士	あやかし		66
野宮	ののみや		長絹大口女出立	増女	ぞうおんな	Ⅱ	64
羽衣	はごろも		天女出立(長絹女出立)	増女	ぞうおんな		36
半蔀	はじとみ		長絹大口女出立	孫次郎	まごじろう	Ⅱ	66
鉢木	はちのき		素袍男出立			Ⅱ	68
花筺	はながたみ		唐織脱下女出立	若女	わかおんな	Ⅱ	70
班女	はんじょ		唐織脱下女出立	若女	わかおんな	Ⅱ	72
百萬	ひゃくまん		立烏帽子長絹女出立	深井	ふかい		40
船弁慶	ふなべんけい		鍬形頭袷狩衣半切出立	真角	しんかく		60
松風	まつかぜ		水衣女出立	小面	こおもて	Ⅱ	74
松山天狗	まつやまてんぐ		直衣長袴出立	三日月	みかづき	Ⅱ	76
三井寺	みいでら		水衣女出立	深井	ふかい	Ⅱ	78
三輪	みわ	白式神神楽	巫女出立(単狩衣大口出立)	増女	ぞうおんな		38
望月	もちづき		作獅子出立(唐織大口出立)				28
紅葉狩	もみじがり	鬼揃	般若出立(裳着胴大口女出立)	般若	はんにゃ		70
屋島(八嶋)	やしま		修羅物(勝修羅)出立(法被半切出立)	平太	へいた		21
山姥	やまんば		厚板壺折大口女出立	山姥	やまんば	Ⅱ	80
熊野(湯谷)	ゆや		唐織着流女紅入出立	若女	わかおんな		30
楊貴妃	ようきひ		唐織壺折大口女出立	増女	ぞうおんな	Ⅱ	82
弱法師	よろぼし		水衣着流出立	弱法師	よろぼし	Ⅱ	84
雷電	らいでん		法被半切出立	顰	しかみ	Ⅱ	86

前作のご案内

一歩進めて能鑑賞

演目別にみる能装束

観世喜正・正田夏子――著
青木信二――撮影

【目次】

★収録30曲は、本書の100～102頁をご参照ください。

A4判（本書に同じ） 96頁
定価：本体3200円＋税
ISBN978-4-473-03191-4

観世喜正《かんぜよしまさ》

能楽師、観世流シテ方。昭和45年、東京・神楽坂の矢来能楽堂（観世九皐会）当主・三世観世喜之の長男として生まれる。父に師事し、観世九皐会を中心に、「能楽・神遊」「のうのう能」「喜正の会」「能の旅人」などの公演に積極的に取り組んでいる。国内各地およびシンガポールなど海外での指導や演能にも多く携わる。慶應義塾大学卒業。
重要無形文化財総合指定保持者。（公社）能楽協会理事。法政大学大学院・皇學館大学非常勤講師。

正田夏子《しょうだなつこ》

昭和39年生まれ。出光美術館、根津美術館勤務を経て現在、武蔵野美術大学、武蔵大学、東京造形大学講師。専門は日本工芸史（能、狂言など古典芸能の染織）。著書に『加賀能登の能楽』（北国新聞社・共著）『茶道学大系第5巻』（淡交社・共著）、『黒川能狂言百番』（小学館・共著）『能・狂言を学ぶ人のために』（世界思想社・共著）がある。

青木信二《あおきしんじ》

昭和20年生まれ。立教大学卒業。写真家安東紀夫に師事。日本写真家協会会員。写真集『野村万蔵の世界』（朝日ソノラマ）『狂言面礼賛』（芳賀書店）『吉田簑助』（淡交社）ほか。共著『歌舞伎図鑑』（平凡社）『文楽の世界』（講談社）『文楽の女』（淡交社）『雅楽』（小峰書店）『文楽のかしら』（国立文楽劇場）ほか多数。写真展「文楽」（フジフォトサロン）、「観世喜正」（文春画廊ザ・セラー）ほか。平成13年「世界観光機関（WTO）大阪総会」の記念切手、平成16年人形浄瑠璃の世界無形遺産登録記念「人形浄瑠璃文楽七宝章牌」などの図柄に採用された。

ブックデザイン　阿部寿
●面装束協力　公益社団法人観世九皐会（登録有形文化財矢来能楽堂）
観世喜之
梅若玄祥
公益財団法人片山家能楽・京舞保存財団
根来寺
台東能の会、能楽・神遊
●編集協力　本田光洋、真庭宗雄
●装束付協力　奥川恒治、遠藤喜久（モデル多数）、鈴木啓吾、永島充、佐久間二郎
小島英明（p5赤獅子）、坂真太郎、桑田貴志、中森健之介
河井美紀、故・長沼範夫

一歩進めて能鑑賞
演目別にみる能装束Ⅱ

平成27年2月6日　初版発行

著者　観世喜正　正田夏子
撮影　青木信二
発行者　納屋嘉人
発行所　株式会社 淡交社
本社 〒603-8588 京都市北区堀川通鞍馬口上ル
営業 075-432-5151　編集 075-432-5161
支社 〒162-0061 東京都新宿区市谷柳町39-1
営業 03-5269-7941　編集 03-5269-1691
http://www.tankosha.co.jp
印刷製本　図書印刷株式会社

ISBN978-4-473-03985-9